U0921342

乡愁筑梦

谢春潮◎著

广州新华出版发行集团
广州出版社

图书在版编目（CIP）数据

乡愁筑梦 / 谢春潮著. —广州：广州出版社，2021.3
ISBN 978-7-5462-3192-1

Ⅰ. ①乡… Ⅱ. ①谢… Ⅲ. ①民歌—作品集—中国—当代 ②律诗—诗集—中国—当代 Ⅳ. ①I277.2 ②I227.7

中国版本图书馆CIP数据核字（2020）第236777号

书　　名 乡愁筑梦
Xiangchou Zhumeng
作　　者 谢春潮
出版发行 广州出版社
（地址：广州市天河区天润路87号9、10楼 邮政编码：510635 网址：www.gzcbs.com.cn）
责任编辑 潘孟良 刘雅丽
责任校对 李畅炜
装帧设计 广州市奔流文化传播有限公司
印刷单位 佛山市华禹彩印有限公司
（地址：佛山市南海区罗村联和工业区西二区三路1-1号 邮政编码：528226）
规　　格 880mm × 1230mm 1/32
印　　张 6.875
字　　数 150千
版　　次 2021年3月第1版
印　　次 2021年3月第1次
书　　号 ISBN 978-7-5462-3192-1
定　　价 48.00元

序

我与春潮是在英国牛津大学学习时的同学，他是个对人热情、厚道、幽默、敬业、慎思和睿智创新的人。我知道他是教师出身，曾在国有企业做过总经理，也在党委、市人大及市政协任过职，业余喜欢诗歌、太极、魔术和书法等。当我看到他这本似山歌又似诗的《乡愁筑梦》初稿时，我都愣了，山歌他也去研究？真是爱好广泛，多才多艺。

郭沫若先生曾赞誉“儋州山歌不亚于唐诗”。儋州素有“中国民间艺术之乡”“全国诗词之乡”和“中国楹联之乡”的美称。儋州历史悠久，人杰地灵，“儋州自古称歌海，山歌催得百花开；人人都是山歌手，山山水水是歌台”。山歌这种草根文化，出自乡土，来自民间，渊源悠远，是底蕴深厚的奇葩艺术，有很强的生命力和感染力。

从文化发展的起源和进化研究中得知，山歌先于律诗，律诗是从山歌演化发展而来的，虽然山歌和律诗是两种不同的体裁，但它们之间有着必然密切的相似联系和兼容性，如本书中的“筚路蓝缕历磨难，前行负重勇登攀；童心骥老犹存志，潮退余晖旧梦还”等，亦歌亦诗。

本书中流露出游子对故乡的眷恋，还流露着作者对祖国美好河山的热爱。如“祖国山河到处好，心灯常闪在儋州；儿时入骨童年梦，一生烙印永存留”和“三千年史装兴旺，古都五代世流芳；红墙碧瓦雍容在，厚重轻盈名美扬”等。同时，书中还对国内古镇和国外的文化风情，进行了综述，语言精辟，文字简练，充满诗情画意和正能量，值得借鉴和欣赏。

广州日报社原社长　教授

2020 年 6 月

目录

感悟儋州州粹[①]

儋州历史悠久，人杰地灵，素有“南国歌海”之称。儋州山歌调声以其通俗凝练的语言、严紧固定的形式、抑扬顿挫的韵律和比喻含蓄的境界，以及音调优美、种类繁多、长盛不衰等特点而成为儋州州粹且享誉海内外。

北宋大文豪苏轼，在被贬到儋州期间，就经常听到“夷声彻夜不息”。在唐宋时期，儋州山歌调声就很盛行，“欲托好音娱日暮，西归聊唱美人歌”“樵歌高唱斜提雨，牧笛模仿吹跨牛”。并深受广大人民群众和文人雅士的青睐，形成了完整和具有独特风格的民间艺术形式。到了清朝中后期，许多文人雅士都投入儋州山歌调声的创作和演唱活动中来，如清乾隆年间进士黄河清、光绪年间进士王云清和吴德义等人创作了大量的儋州山歌调声作品。举人唐丙章为传医术于后世，创作的山歌《药性治病歌》流传至今。抗日战争和解放战争时期，群众用山歌调声体裁编写了《抗日状元》《抗日不怕死》和《参加独立队》等宣传抗日和党的政策，产生了巨大的鼓舞和动员力量。中华人民共和国成立之初，群众自编歌“人民天下同天老，敌人何苦费心操；祖国江山如铁打，敢来侵犯定难逃”到处唱。1952 年，大批工人到儋州开发建设，儋州人民唱起“告辞父母离乡份，千军万马宿山墩；荒山野岭搞开发，业绩丰功励后人”。

① 受陈海波、林冠群、谢有造、李焕才、符美霞和张锦寿等关于儋州山歌调声的文章启迪而作，谨表深深的感谢。

党的改革开放政策好，群众唱起“改革春风催壮举，人民得幸福安居；江山打拼日月换，翻天覆地数今朝”。为严禁毒品毒害人们，群众唱起“染着毒品天难救，身肌瘦损命根抽；倾家荡产因儿累，父母心伤眼泪流”。山歌在青少年中传唱，教育意义和效果很好。国家建设海南自由贸易港，群众又唱起“快马加鞭谋发展，力有三分出五分；千帆竞发贸易港，利国利家又利民”等。

儋州山歌调声数量浩瀚，种类繁多，风格迥异，来自生活，根扎乡土。当地从幼儿到老人几乎都会山歌调声。每逢节假日和喜庆活动，山歌调声更是不可或缺。儋州山歌调声具有浓烈地方特色，且脍炙人口、经久不衰。“诗乡歌海儋州地，厚深底蕴载且书；画卷壮丽传四海，班班辈辈唱不离”。

国歌词作者田汉说：“儋州调声是南国乐坛一朵奇葩。”郭沫若说：“儋州山歌不亚于唐诗。”中国音乐家协会原主席傅康辰说过：“儋州调声艺术健康，明快活泼，具有振奋人心、凝聚民心的巨大艺术感染力。”2006年儋州调声被列入首批国家级非物质文化遗产代表性项目名录。儋州市荣获“中国民间文化艺术之乡”“全国诗词之乡”和“中国楹联之乡”的称号。每逢春节、端午、七夕、中秋、国庆和元旦等节日，儋州当地都有规模宏大和气派壮阔的山歌调声活动，人山人海，歌海如潮。

儋州山歌调声的主要特点有韵味悠扬、格律严紧、辞藻精炼、粗犷奔放、种类繁多。

韵味悠扬。儋州山歌调声是单乐和多乐并存的曲式，旋律淳厚，悠扬奔放，结构比较完整，演唱场合不受条件约束。无论是山上或旷野，田头或海边，劳作或休息都可以演唱，是群众借以抒发情感的一种方便的艺术形式。节拍有散板和混合节拍，节奏自由舒展，变化丰富，常在切分音节奏上自由延长，通常是第一、二乐句节奏自由，有较强的拖腔，而第三乐句幅度紧缩，陈述性强，第四乐句节奏由密而疏并逐渐舒展而结束。曲调既高亢开阔、流畅跌宕又委婉平和。

格律严紧。儋州山歌格式有二句半、三句半、四句、六句半和多句及歌谣等。通常以四句、每句七字共28字作一首为主打，一韵山歌由多首组成，最多一韵可达数百首之多。字音平仄和格律诗的平仄有点相似，每句七个字中除了最后一个字外，一般也要“二四六分明”，即每句的第二、第四和第六个字最好是“平、仄、平”或“仄、平、仄”声调。第五至第七这三个字的字音最好不要三平或三仄。每首歌的第一、二、四句的尾字是韵脚，必须押韵，而且不论一韵山歌有多少首，都要一韵押到底。男女对歌通常也是一韵对到底，不押韵即为出韵，这是规矩不允许的。在内容上采用一句笼、二句点、三句开、四句合的“笼点开合”表现手法，与律诗的“起承转合”要求甚为相似。山歌调声有“莲”“人”“梅”“情”“流”“长”和“时”等36个韵字，常用的约有26个。从山歌的格式来看，山歌确实与近体诗的七绝非常相似。

辞藻精炼。儋州山歌调声素以意境深远和比喻含蓄而深受广大人民群众的喜爱。清末举人张刚的《叹五更》有“坐到东边天色靓，算来不定有六更；如有六更鼓的话，坐守六更过慢行”。教育小孩读书的山歌有“有志读书莫尽厌，黄蜂怎忌竹枝尖；万事交间莫怨苦，几多海水煮成盐”等。多部经典作品意境远深、凝练含蓄而歌唱永远。

粗犷奔放。2001 年 10 月 4 日《人民日报》报道：“儋州山歌调声……是用当地方言演唱的民歌，其音调欢快热烈，粗犷奔放，具有浓厚地方特色，系我国民歌稀有品种。人们在劳动中、丰收时、佳节上，都会借来抒情，歌之、舞之。……每到精彩处，在现场观赏的数万民众喝彩不断。”

种类繁多。“歌海诗乡何处有，有人指讲是儋州；州中歌手成十万，万曲千歌世代留”。儋州山歌调声百花齐放，种类繁多。有才情歌、劝化歌、叙事歌、争理歌、寄怀歌、抒情歌和祝贺歌等 23 种之多，格式各有不同，各有侧重，深深地扎根乡土、来自生活，原生态、接地气，通俗易懂且喜闻乐见。

儋州山歌调声是儋州劳动人民创造的精神财富和精神食粮。千百年来，儋州人民用歌声歌唱丰收的喜悦，歌唱纯真的爱情，歌唱初心和梦想以及祖国壮丽多彩的美好河山，歌颂党的恩情，歌颂改革开放等，抒发心中的情怀和美好的憧憬。正是“儋州歌唱人夸好，男女老幼总总好；排忧解闷开心事，珠宝勿当作烂桃”“祖国山河到处好，儋州歌调满春秋；民生福祉新天地，国泰民安永远留”。

众志成城

众志成城

（一）

新冠肺炎真猖狂，
晒我中华大地烫；
传染成千上万计，
迫专家梦断愁肠。

（二）

这种病毒心最孬，
感染好多人死伤；
抹杀亲情团聚日，
扰乱秩序无正常。

（三）

全国人民齐抵抗，
白衣战士勇担当；
阵地前沿生死战，
处处疫情都战场。

（四）

中央指引明方向，
党为人民作主张；
全国一盘棋统一，
红旗处处举高扬。

（五）

一张全国防疫网，
不论前方与后方；
宣传教育人人知，
户户家家都设防。

（六）

专家科研齐齐上，
撕下病毒的伪装；
守土人人都有责，
共济同舟当自强。

（七）

万众一心同抵挡，
众志成城责任扛；
无情灾难真情在，
雨后天晴见太阳。

（八）

坚定信心打硬仗，
一方有难八方帮；
疫情全部消除日，
大地中华名美扬。

记住白衣这片脸

（一）

赴汤蹈火且[①]前线，
卫国保家情系牵；
生死一身置度外，
不讲名义与价钱。

（二）

七八小时不小便，
常人三急憋身煎；
不是不懂生理学，
危重急难在眼前。

（三）

树有皮来人有脸，
护衣勒紧脸额煎；
等到交班松口气，
护服脱下皱纹连。

（四）

不是表演做变脸，
生死攸关一线牵；
若是不穿防护服，
自身性命也牵连。

（五）

爱美人生棒体脸，
留驻青春脸在先；
人且前线疫情急，
哪有心思想脸前。

（六）

逆行前路不埋怨，
前行负重勇争先；
责任担当不退缩，
万丈深渊也向前。

（七）

人身一片装门脸，
真心不想皱纹添；
不忍患者生命逝，
愿留手脸皱纹延。

（八）

记住白衣这片脸，
祝福声声万共千；
凯旋卸寒春暖日，
万家灯火共团圆。

---

① 且：在，下同。

感谢遮风挡雨人

（一）

决战疫情且这阵，
防治效果全面凸；
大江南北齐坚守，
成城众志送瘟神。

（二）

勿乱出门勿去衬①，
政府号召咱紧跟；
天光哩②到好濑尿③，
勿做天光濑尿人。

（三）

且屋居家守本分，
勿忘前线的艰辛；
若是认为无所谓，
尽废前功做罪人。

（四）

前线依然咬紧紧，
不予魔鬼再翻身；
总攻炮火齐齐发，
八方四面捉瘟神。

（五）

日日报道疫情信，
高低曲线划分真；
出院人数千千计，
喜讯传来鼓舞人。

（六）

前线抗疫搏到尽，
无数英雄甘献身；
不见硝烟生死战，
万众一心中国人。

（七）

中央决策真精准，
南北东西好认真；
科学防治施良策，
全心全意为人民。

（八）

等到疫情吹散尽，
万家灯火喜迎春；
不是岁月得静好，
感谢遮风挡雨人。

① 衬：逛。② 哩：要，下同。③ 濑尿：小便。

感悟乡愁

意境远深情厚重

（一）

诗乡歌海儋州地，
厚深底蕴载且书；
画卷壮丽传四海，
班班辈辈唱不离。

（二）

四句山歌讲道理，
真似七绝诗样书；
对唱先开轮后对，
词曲声律同韵媚。

（三）

声调对歌男共女，
韵律仄平总着书；
天南地北歌不尽，
播种古今传远逶[①]。

（四）

调声艺术真绮丽，
内涵丰富韵情书；
似浪如潮歌舞动，
旋律特有显神奇。

（五）

调声男女排开倚[②]，
小指双勾摆弄偏[③]；
双脚曲直踏节奏，
声齐优美影不离。

（六）

二句调声对韵味，
先调先声对搏予；
指挥跑步全神注，
根扎深深传远逶。

（七）

作品山歌丰韵美，
辞藻雅典棒诗书；
意境远深情厚重，
实负盛名不觉奇。

（八）

民间艺术之乡地，
国家文化也入书；
明珠璀璨夺光彩，
江山代代写传奇。

---

① 逶：远，下同。 ② 倚：站，下同。 ③ 偏：碰，下同。

乡　愁

（一）

半世漂流且外地，
乡愁常有记心书；
乡音不变儋州话，
不论山高水远逶。

（二）

发展儋州正崛起，
今日洋浦[①]筑生机；
独领风骚国际港，
翻天覆地现时期。

（三）

树高千丈叶落地，
故土情怀常背书；
儋州声调村歌海，
一生烙印永无离。

（四）

魅力那大扬朝气，
松涛大湖水色予；
粼粼波光白马井，
海花岛上出神奇。

（五）

风韵儋州着[②]体味，
芋合椤核[③]也有书；
长坡米烂[④]洛基粽，
鸡尖米[⑤]饭送红鱼。

（六）

度假旅游好去处，
八景儋州总有书；
北门江水东坡庙，
古盐岛[⑥]上显神奇。

（七）

改革春风吹到处，
建设特区处处书；
项久[⑦]儋州落后尾，
项时[⑧]到处写传奇。

（八）

儋耳[⑨]是咱们出处，
祖宗代代记且书；
乡情乡土抹不去，
一生永远记着她。

---

① 洋浦：洋浦开发区。　② 着：应。　③ 椤核：红树林果。　④ 烂：粉，下同。　⑤ 鸡尖米：细长的米。　⑥ 古盐岛：古盐田。　⑦ 项久：以前，下同。　⑧ 项时：现时，下同。　⑨ 儋耳：儋州，下同。

记住儋州

（一）

汉武开疆儋耳[①]久，
两古郡一是儋州；
毓秀钟灵人杰地，
渊源历史远长流。

（二）

春风处处拂杨柳，
盛情好客是儋州；
调声歌唱村村见，
五洲四海广交流。

（三）

乡愁常有心牵手，
几逶都见近儋州；
路有几逶情几远，
乡土情怀心底留。

（四）

尊师崇文历经久，
聪明勤奋在儋州；
古代“渔姑”成榜样，
跪乳感恩处处留。

（五）

漂流外地日经久，
故乡常记是儋州；
记住儋州热土地，
记住儋州八景游。

（六）

高山流水人长久，
难忘难舍是儋州；
记住儋州山共水，
记住人文州粹留。

（七）

乡下自酿薯芋酒，
“本地茅台”百姓收；
世间甜是家乡水，
一生永远记心留。

（八）

千山万水儋州好，
走遍四海认儋州；
记住薯粉与米烂，
记住粽香熟米留。

① 耳：州，下同。

岁月留痕

（一）

筚路蓝缕历磨难，
前行负重勇登攀；
童心骥老犹存志，
潮退余晖旧梦还。

（二）

起舞闻鸡忙到晚，
初心与梦想攻关；
实现目标靠奋斗，
浪过沙滩留浪痕。

（三）

·世人生真有限，
秋冬春夏一挥间；
眨眼青春东逝水，
岁月流逝去无还。

（四）

蓬勃朝气勿偷懒，
成才立志闯难关；
趁好年华多励志，
功成半点也光环。

（五）

人下生来都吃饭，
不停日顿共三餐；
养育儿女双亲孝，
做人难呀是不难。

（六）

图强奋发时不晚，
人争志气记心间；
天生我材必有用，
勿被困难挡阻拦。

（七）

困难最怕人勤恳，
闯了一关过一关；
苦尽甜来必有路，
付出青春定有还。

（八）

一心专注爬坡坎，
铁心一路曲直弯；
守得浮云吹散尽，
幸福常①快留笑颜。

① 常：愉。

大爱无私是母亲

（一）

十月忧苦身怀孕，
大爱无私是母亲；
含辛茹苦育儿大，
家中不见候儿人。

（二）

愁肠寸断与谁问，
亮节高风犹记新；
最是伤情佳节日，
欲报母恩不见人。

（三）

到春到季农耕紧，
天下勤劳是母亲；
开更睡夜未闲过，
作息哪有定时辰。

（四）

小时患过场麻疹，
周到居持①是母亲；
床尾床头捧屎尿，
常见母亲目泪人。

（五）

劳苦一生守本分，
雨淋日晒瘦弱身；
紧张粮食三餐饿，
不停哺乳一时辰。

（六）

上学母嘱儿勤奋，
心用读出着认真；
长大成才有事做，
不做忘恩负义人。

（七）

幸福扪心常自问，
春晖寸草记犹新；
有限人生无限泪，
梦中常见教儿人。

（八）

追思慈母情难尽，
跪乳羊羔知报恩；
一生母爱千秋念，
感恩不尽养育人。

① 居持：照顾，下同。

我心归处是儋州

（一）

离乡别井日经久，
我心归处是儋州；
诗词声调山歌海，
儋州州粹远传流。

（二）

行舟逆水情坚守，
我心归处是儋州；
乘风破浪天涯路，
故土情怀心底留。

（三）

春风吹过拂杨柳，
我心归处是儋州；
推动儋州发展地，
鞠躬尽瘁孺子牛。

（四）

祖国河山到处好，
我心归处是儋州；
乡情乡土乡音在，
一生烙印永存留。

（五）

人生得意迷茫有，
我心归处是儋州；
儿时入骨童年梦，
一生永远记心留。

（六）

浮云遮眼迷蒙雾，
我心归处是儋州；
记住儋州热土地，
记住儋州情义留。

（七）

富贵荣华福禄寿，
我心归处是儋州；
山珍海味西餐宴，
薯粉米烂记心留。

（八）

“茅台”儋州薯芋酒，
我心归处是儋州；
世间甜是家乡水，
下世天堂也记留。

点赞谢有造先生

（一）

久悠历史儋州地，
古韵千年总有书；
谢有造著书立说，
笔下生风传远透。

（二）

力推发展儋州地，
秘书长当然背书；
作协与调声协会，
教育挥鞭更有他。

（三）

区长做了当书记，
基层历练打根基；
长期累积收资料，
笔锋潇洒出神奇。

（四）

不断学习新论理，
不好麻将爱诗书；
业余爬格甘清苦，
精品篇篇写远透。

（五）

推动儋州文化地，
出了几十本好书；
诗词作对山歌有，
调声作曲也不离。

（六）

笔下写的[①]都成的，
长短中篇总有书；
著作等身不竭步，
深耕精研出传奇。

（七）

做人做事踏实地，
担当责任尽心机；
暮年续筑儋州梦，
尽粹鞠躬也不离。

（八）

东坡感化儋州地，
片片情怀本本书；
儋州辈辈人才出，
功名代代写传奇。

① 的：什么，后“成的”中同意。

务　　农

（一）

得闲时做些劳动，
不忘本色记心中；
天下农民真是苦，
比较少人选务农。

（二）

久间不下田劳动，
手硬腿酸腰骨弓；
谁人不知农民苦，
装作假癫与哑聋。

（三）

种豆种禾林种种，
先种都着做到工；
灌水犁田播种子，
除草施肥包打虫。

（四）

赶春赶季着播种，
不敢偷闲半点工；
若是误着今季事，
忍饿挨饥人更穷。

（五）

三餐日顿靠耕种，
浃背汗流日正中；
到春到季未闲过，
苦楚无钱是务农。

（六）

三餐稀粥农活重，
礼拜日日着做工；
雨淋日晒经常事，
苦楚是汉[①]做务农。

（七）

中央政策三农重，
一号文年年总攻；
农村改革城市化，
扶贫政策改贫穷。

（八）

科学技术田播种，
不用牛犁机械工；
现代农村新面貌，
不见昔日旧面容。

---

① 是汉：工种。

年关岁晚

（一）

春去冬来年又到，
年关岁晚苦心操；
半人备办新年货，
半苦回乡票务劳。

（二）

老屋过年着打扫，
一度一年扫一遭；
有钱人请人操衬①，
无钱人自己操劳。

（三）

旧年过了新年到，
无钱人百件心操；
小侬②新衫与利市，
人情首面苦操劳。

（四）

二十八九年哩到，
有无钱也是着操；
不与人比风光面，
鸡鸭自家屋里槽③。

（五）

幸福人生靠打造，
人生不有几多遭；
一年三百六十五，
春秋来去又白毛④。

（六）

见年到而随年到，
年到无钱百件操；
有钱人过年豪兴，
年过无钱也兴豪。

（七）

光阴似箭催人老，
过年一岁又增高；
人生一世春秋短，
做韵山歌留兴豪。

（八）

过几日添年又到，
一年一度兴高高；
年年团聚年年兴，
兴兴豪豪年兴豪。

---

① 操衬：操办。 ② 侬：孩，下同。 ③ 槽：养。 ④ 白毛：白头发，下同。

新 年 好

（一）

抱拳恭祝新年好，
今年初一住儋州；
乡土乡情乡礼遇，
童年年味现潮流。

（二）

抱拳恭祝新年好，
人人身体健康优；
入出平安总顺利，
福如东海水长流。

（三）

抱拳恭祝新年好，
家和万事总无忧；
爱幼敬老人人责，
孝顺家风世代留。

（四）

抱拳恭祝新年好，
学业进步总分优；
下笔有神破万卷，
心想事成金榜留。

（五）

抱拳恭祝新年好，
风调雨顺好丰收；
六畜兴旺财神到，
五谷丰登季季留。

（六）

抱拳恭祝新年好，
兴隆生意总无忧；
财源滚滚长江水，
驰骋商海竞风流。

（七）

抱拳恭祝新年好，
遵章守法事无忧；
诚信诚心成大事，
幸福生活处处留。

（八）

抱拳恭祝新年好，
年年祝福好儋州；
民生福祉新天地，
国泰民安永远留。

乡下过年真棒逻[1]

（一）

乡下过年真棒逻，
边贴春联边唱歌；
亲手点香打炮仗，
杀鸡杀鸭与杀鹅。

（二）

乡下过年真棒逻，
多是鱼肉少菜蔬；
海味山珍种种有，
舞龙击鼓又敲锣。

（三）

乡下过年真棒逻，
日日得听棒山歌；
户户迎春齐接福，
老人小侬笑呵呵。

（四）

乡下过年真棒逻，
处处拜年去好多；
恭祝新春着利市，
结婚小侬倚边哦[2]。

（五）

乡下过年真棒逻，
逻酒三餐饮好多；
情真意切浓情水，
敬杯兄弟敬公婆。

（六）

乡下过年真棒逻，
哦了调声[3]哦唱歌；
歌舞升平齐舞动，
上万成千人去哦。

（七）

乡下过年真棒逻，
八景儋州人好多；
外地人多游客到，
本地过年人少哦。

（八）

乡下过年真棒逻，
米烂薯粉试好多；
年年糕发年年馍，
幸福生活萝到萝。

---

① 逻：玩，下同。 ② 哦：看，下同。 ③ 调声：儋州的一种舞蹈。

黄 鳝 饭

（一）

多谢同学黄鳝饭，
亲密与伴总无间；
四十八载红尘路，
学友情深常伴弹。

（二）

不是简单黄鳝饭，
真情真义媲三山；
难忘学友情亲切，
浪过沙滩留浪痕。

（三）

大家出处新中[①]版，
版权不改也不翻；
青春热血初心梦，
感恩不尽在心栏。

（四）

咱们都是儋州产，
乡情乡土记心间；
不论生翅飞万里，
母校新中情伴缠。

（五）

峥嵘岁月似眨眼，
人生过半一挥间；
旭日已去夕阳照，
唯有真情长伴弹。

（六）

咱们已步入年晚，
勿操日顿共三餐；
儿孙自有儿孙福，
千期勿管累心烦。

（七）

人生有亏也有赚，
赚亏都是自家摊；
不与人比钱多少，
谁人都有苦与难。

（八）

黉门[②]弟子心灯盏，
友情烙印在心间；
同心共筑暮年梦，
幸福安康长伴环。

① 新中：新州中学的简称。 ② 黉门：古代称学校的门，借指学校。

同窗情谊

（一）

同窗学友情依旧，
中学时代忆新州；
黉门弟子青年梦，
一生烙印永存留。

（二）

记得咱们手把手，
心灯常闪在新州；
青春热血冲天梦，
茫茫前路寄天游。

（三）

恩师教诲历经久，
片片情怀心底收；
红尘滚滚随风去，
唯有师生情义留。

（四）

五指黄昏不见手，
一起挑灯去自修；
半路迷藏与伴捉，
欢声笑语去中留。

（五）

寄宿走读种种有，
食堂薯米一齐收；
餐餐的送[①]“三分纸”，
炒菜经常没有油。

（六）

前行负重情坚守，
几透都见近新州；
教室球场与宿舍，
当年场景脑中浮。

（七）

分手阔别半世久，
不再青春回马收；
平心直面前行路，
同窗情谊水长流。

（八）

浮尘沧海心牵手，
缘分是因前世修；
同心共筑暮年梦，
健康与幸福长留。

① 的送：菜。

情　　缘

（一）

有情人讲真情义，
无情人缺义情书；
有情有义透都近，
无情无义近都透。

（二）

诚信做人讲义气，
情缘诚信是天机；
商人诚信为根本，
失信商人客远离。

（三）

真情真义常挂记，
有情缘分总不饥；
天涯海角情缘在，
情缘牵手走经纬。

（四）

真情意切难忘记，
朋友深交此是书；
多年失散仍寻觅，
因缘情分弃不离。

（五）

男女结合缘分起，
无缘无分切勿偏；
勉强无情人结合，
结局都是定着离。

（六）

相亲合结生儿女，
原是情缘前世予；
子孙孝顺家风盛，
儒家文化永不离。

（七）

真诚真挚真情义，
同伴同行同本书；
换位同心齐并进，
进步年年操旌旗。

（八）

情有独钟爱一味，
痴情狂志爱诗书；
若问为何项执着，
只因情分弃不离。

故乡情浓

（一）

本是农村人小侬，
小时淋菜种与葱；
中学寄宿且学校，
放假回家做务农。

（二）

依然记得童年梦，
双手合十心向东；
勒[①]哩尖而尖从小，
勿等老来盼做龙。

（三）

三二层楼一栋栋，
身居村里似城中；
水电与城市一样，
过年常见舞狮龙。

（四）

青菜豆瓜一起种，
养鱼养蟹养蜜蜂；
犁牛箩担经常借，
邻居与伴好包容。

（五）

讲到过年心总动，
记着摞[②]炮仗来熏；
得着新衫摞利市，
日日都见暖融融。

（六）

五月初五常包粽，
七月十四馍松松；
国庆薯粉与米烂，
八月十五织灯笼。

（七）

天生我材必有用，
青年多外出谋工；
大好年华棒觅食，
村里生活好火红。

（八）

薯又甜来芋又逢[③]，
见面乡亲总礼躬；
若问情浓何处有，
几时都是故乡浓。

---

① 勒：指植物的刺从小便开始尖。 ② 摞：觅。 ③ 逢：粉。

中秋抒怀

（一）

昏黑露形月亮影，
圆圆月亮影碧清；
满满天星同映衬，
映衬天星月亮明。

（二）

月饼皮薄心满盛，
豆沙五仁选材精；
莲蓉火腿鲍鱼馅，
匠心工艺塑生成。

（三）

广州月亮清清影，
儋州月亮影清清；
月升初一圆十五，
八月十五故乡明。

（四）

幸运生及逢世盛，
年轻搏拼老闲清；
社保不愁行食住，
感恩不尽记心铭。

（五）

八月十五中秋饼，
月亮圆圆爆竹声；
赏月美食添时尚，
家家团聚聚亲情。

（六）

月饼盒盒情满盛，
八月十五礼交拼[①]；
民间互寄人情礼，
送封月饼寄真情。

（七）

一年一度中秋景，
项时时尚饼无拼；
微信互相留祝福，
声声祝福表真情。

（八）

道路光明党引领，
开放创新把准星；
初心不变冲天梦，
百年圆梦定能成。

① 拼：拿，下同。

感恩父母

（一）

离乡别井几十秋，
最后成才且广州；
今日退休回乡下，
望双亲像泪双流。

（二）

永远感恩生父母，
感恩父母记儋州；
一片乡情熟米粥，
薯粉米烂碗中求。

（三）

勤紧[1]是咱们父母，
一生劳苦为咱忧；
三餐总吃薯巴[2]粥，
夜睡不光去做牛。

（四）

父母离开咱好久，
义重恩情不胜收；
刻苦精神励后代，
咱家文化永传流。

（五）

幸福常思生父母，
父母恩情心底收；
为咱一世不辞苦，
愿上刀山做牛马。

（六）

浊酒一杯敬父母，
愿他们天上无忧；
若有神灵且世上，
保佑咱家庭一流。

（七）

下世仍投胎父母，
投胎父母记心忧；
义重如山恩似海，
跪求父母再收留。

（八）

代代总着敬父母，
“勤劳拼搏”写春秋；
“创新友善”咱文化，
孝顺家风世代流。

① 勤紧：勤劳。 ② 巴：干。

父亲教诲

（一）

瘦地沙田咱出处，
苦耕勤种怕捱饥；
唯有读书能出路，
不着且屋啃薯皮。

（二）

人从心里精神起，
立志青年读好书；
长大成才有事做，
鸡尖米饭送红鱼。

（三）

民安国泰新天地，
得读书且快读书；
青春不有回头马，
勿等腰弯皱老皮。

（四）

从小练习毛笔字，
读书破万卷诗书；
得去上州[①]或下府[②]，
苦尽甜来必有期。

（五）

硬着冲出盐场地，
耕田耕地受人欺；
书山有福勤生路，
日后成功得马骑。

（六）

读书理想千期记，
平常着下苦心机；
勿放前途且屋眼，
四海为家不怕逶。

（七）

出路勿与人论理，
礼貌人情着知予[③]；
做人做事跟规矩，
让人过后得便宜。

（八）

东坡感化儋州地，
子孙后代知读书；
立志成才不怕苦，
功名代代写传奇。

① 州：指广州，下同。 ② 府：指海口，下同。 ③ 予：指有，给，下同。

缅怀伯父谢帮烈士

（一）

敏捷文笔题金榜，
聪颖天资传四乡；
尤精书法诗词对，
出生原地是盐场。

（二）

原名是唤谢国良，
后来革命改谢帮；
琼台师范读毕业，
投笔从戎名美扬。

（三）

三五年入共产党，
播种宣传党主张；
发动乡亲闹革命，
丹心热血洒沙场。

（四）

热血青年有理想，
参加革命勇担当；
辗转山中打游击，
栉风沐雨斗列强。

（五）

冲锋陷阵经风浪，
手拿笔杆也握枪；
组织老区人抗日，
枪林弹雨见经常。

（六）

夜深开会日寇闯，
重伤危难在东方；
原是汉奸人出卖，
汉奸人丧尽天良。

（七）

革命人不忘理想，
养伤攀步[①]姐哥乡；
医伤病好返前线，
四八年参战阵亡。

（八）

怀念先烈好榜样，
英雄前辈后流芳；
初心不变冲天梦，
红旗代代举高扬。

① 攀步：地名。

父母生咱着有用

（一）

父母生咱着有用，
感恩不尽记心中；
含辛茹苦育咱大，
几难哩[1]望子成龙。

（二）

父母生咱着有用，
从小读书着用功；
立志成才不怕苦，
标杆榜样问英雄。

（三）

父母生咱着有用，
做事做人着孝忠；
爱国爱家爱自己，
与人为善讲包容。

（四）

父母生咱着有用，
遵章守法讲诚忠；
做人底线常牢记，
天下匹夫信念奉。

（五）

父母生咱着有用，
奋发图强不放松；
幸福生活靠奋斗，
懒汉人常怨命穷。

（六）

父母生咱着有用，
梦想初心放在弓；
负重前行不怨命，
成功失败也从容。

（七）

父母生咱着有用，
做人着有件成功；
不论耕田或做事，
生活着得暖融融。

（八）

父母生咱着有用，
不一定着成富翁；
帮助别人乐自己，
手留余香情意浓。

① 哩：都。

幸福不应争对错

（一）

一家总有妈与爸，
爸妈同筑起成家；
自古开门七件事，
柴米油盐酱醋茶。

（二）

家庭琐事日当下，
做多一定有人夸；
做少的人着会奉[①]，
会走勿装作会爬。

（三）

责任分清与上下，
担当不计较叶花；
幸福不应争对错，
情浓与淡一杯茶。

（四）

包容理解停闲话，
大小终归是一家；
爱幼敬老人人责，
辈分荣誉老爸妈。

（五）

咱们眼见人潇洒，
一家不知一家沙；
难念的经屋屋有，
勿认粉丝作豆芽。

（六）

家庭幸福真潇洒，
应该多谢爸与妈；
源自他们多付出，
才有彩虹伴晚霞。

（七）

若遇危机勿害怕，
齐心扭绳顾全家；
守望坚持不放弃，
幸福终归重发芽。

（八）

家庭幸福真无价，
幸福家庭幸福加；
港湾锚地加油站，
幸福温馨真是讶。

① 奉：奉承。

魅力西沙

（一）

南国初春似盛夏，
邮轮一夜到西沙；
上岸饮杯岛上水，
真像家乡炒米茶。

（二）

儿时传说如神话，
今日亲眼见西沙；
似水浮舟辉映眼，
春风四面好光华。

（三）

玻璃海说不神话，
人间仙境是西沙；
金富鸭公银屿上，
相映三岛晒晚霞。

（四）

浪拍岸边似说话，
声声呼唤大陆娃；
热情诚恳与亲切，
疑似孩儿唤爸妈。

（五）

蓝天碧海白云架，
温暖阳光晒海沙；
春风阵阵迎游客，
海水泽光天上挂。

（六）

浪花双色如油画，
岛岛戏水见鱼虾；
珊瑚海底清如许，
船底玻璃长满芽。

（七）

岸边螃蟹真潇洒，
来回散步打哈哈；
若见行人追到处，
快速飞奔四面爬。

（八）

南边疆土长城马，
铁心捍卫我西沙；
自古三沙属我国，
不管敌人怎样哗①。

① 哗：吵，下同。

久久不见久久见

（一）

久久咱们见个面，
不加不知你且先[①]；
不是为且吃好酒，
而是在且情分缘。

（二）

离乡几久心不变，
十代姓家不改编；
出来做事不掉价，
人人都是圣才贤。

（三）

儋州老友经常见，
乡音不变话连篇；
互相帮助真情义，
诚心诚意最值钱。

（四）

人人大智商高见，
可以领军数万千；
半世漂流且外地，
故土情怀常记连[②]。

（五）

谁人都有头与面，
业绩光环篇到篇；
儋州代代人才出，
一浪高于一浪前。

（六）

闯荡江湖离屋远，
乡愁常有把心牵；
初心不变冲天志，
调声歌唱念留连。

（七）

同条水路心相近，
做的咱们与伴添；
出面出席出主意，
共同谋幸福延绵。

（八）

咱们合伴勿埋怨，
错着不见得且先；
理解包容不计较，
心心相印后与前。

---

① 先：哪。　② 连：同“恋”，下同。

斟两杯（一）

（一）

一壶老酒经常醉，
做人常有赚与亏；
幸福生活靠奋斗，
不怨命衰不怨谁。

（二）

老友真诚饮个醉，
把盏斟来干一杯；
酒到沸身情满满，
烦心烦脑去风随。

（三）

真情老友浓情水，
久久相逢酒一杯；
醇酒三杯酒下肚，
忘形不记得与谁。

（四）

生做男人真是累，
前行负重顾家归；
闯荡江湖常拼命，
一杯浊酒问与谁。

（五）

朋友不应分贱贵，
平等人生酒满杯；
金牌都有凹与凸，
凹凸金牌成一枚。

（六）

生做女人也是累，
十月怀孕体伤亏；
相夫教子不容易，
三餐日顿灶头围。

（七）

老友经常一起聚，
凉浆斟来干两杯；
话题涉古今中外，
幸福生活常伴随。

（八）

今日饮到沸身醉，
起身收手去洗杯；
得闲咱慢重斟过，
勿隔久间索酒随[①]。

① 随：味。

斟两杯（二）

（一）

玉珍琼浆浓情水，
好汉英雄酒满杯；
横刀跨马沙场路，
乘风破浪定船桅。

（二）

情路迷茫心定累，
多半此时摸酒杯；
浊酒三杯酒下肚，
谁人情怨在由谁。

（三）

过年朋友多遭聚，
恭祝新年酒满杯；
更尽三杯乡下酒，
鼻腔常溢出薯随[①]。

（四）

人生常受情拖累，
勿去无缘拼命追；
强摘的瓜不会熟，
勉强难摞幸福随。

（五）

一年一度亲情聚，
几逶都赶路来归；
游子乡愁千里梦，
不论雪崩与打雷。

（六）

以酒浇愁人更醉，
千期勿大量贪杯；
古来酒醉君臣乱，
遭事生非觅祸赔。

（七）

人生酒醉心不醉，
酒心同醉是双亏；
酒醉心清成大事，
心醉酒清累命赔。

（八）

一杯更尽浓情水，
人有赚时也有亏；
潮落潮涨平常事，
酒情福运也相随。

① 薯随：番薯的味道。

斟两杯（三）

（一）

打拼人生不怕累，
逆水行舟酒满杯；
坚定目标彼岸地，
浪风过后福相随。

（二）

最怕自斟饮到醉，
孤苦伶仃人最亏；
一班老友杯中酒，
幸福生活常伴随。

（三）

遇到困难不下跪，
随手斟来酒一杯；
老天无有绝人路，
努力拼搏化难危。

（四）

酒逢知己千杯醉，
过后伤身一定亏；
大醉伤肝人总知，
过量伤身累命赔。

（五）

看山看岭看风水，
人下生来着吃亏；
守得浮云吹散尽，
运情[①]与幸福双随。

（六）

换盏交杯勿饮醉，
饮酒驾车一定亏；
有法着依依法做，
违法遭殃勿怨谁。

（七）

酒不能解身心累，
人生时赚有时亏；
得赚之时勿尽笑，
猪肉常有瘦与肥。

（八）

一杯浊酒浓情水，
喜事逢来干一杯；
适量沸身收手起，
健康与幸福相随。

① 运情：运气、福气。

斟两杯（四）

（一）

茅台国酒成金贵，
国庆今日饮两杯；
诗情酒意情怀满，
再有山歌唱伴随。

（二）

国庆今日饮到醉，
换盏交杯杯到杯；
杯杯祝福新中国，
雨顺风调常伴随。

（三）

感谢亲朋前老辈，
感恩组织戴春晖；
感恩父母育恩泽，
感恩老伴守相陪。

（四）

打拼人生不后悔，
历程风雨向前追；
不怨客观不怨命，
乘风破浪定船桅。

（五）

生在儋州搏在穗，
人生时赚有时亏；
披星戴月平常事，
甜酸辣苦问与谁。

（六）

酒逢知己千杯醉，
梦想床头着放飞；
守望坚持不退缩，
苦尽甜来福伴随。

（七）

人生常问心无愧，
勿做墙头散色灰；
搭错行差成本大，
做败名义难挽回。

（八）

一壶浊酒愁肠泪，
拂身放梦想高飞；
红尘滚滚随风去，
夕阳也有向日葵。

斟两杯（五）

（一）

茅台似金成酒粹，
内外闻名不靠吹；
醇香厚重甘泉露，
八百多年世上遗。

（二）

五粮液醇香甘贵，
香飘万里酒仙追；
洋人感到真奇怪，
开瓶邻居香酒随。

（三）

一五七三国窖配，
浓香优雅引人追；
绵甜爽净柔和味，
金色五星蕙芷随。

（四）

法国康蒂酒最贵，
一百美元半小杯；
不是一般人享用，
富贵人做面情陪。

（五）

路易十三真是贵，
酒香甘醇定挂杯；
富贵人家才问津，
百姓平民难见随。

（六）

尼诗李察与金贵，
精心酿造酒生辉；
堪称极品承高誉，
回味无穷深邃随。

（七）

蓝带干邑酒也贵，
啤酒金奖名致归；
色浅味纯气又足，
酵母酒花发酒莓。

（八）

白红啤酒迷人醉，
多数品牌都靠吹；
一杯下肚杂陈味，
谁人好饮在由谁。

锦绣中华

雄辉北京

（一）

三千年史装兴旺，
古都五代世流芳；
红墙碧瓦雍容在，
厚重轻盈名美扬。

（二）

悠悠古韵皇朝上，
故宫绮丽万宫装；
外朝内廷入神化，
雄伟天安门广场。

（三）

天坛祭天世界上，
颐和园景万石扛；
古典皇家园北海，
圆明①残迹烙苍凉。

（四）

香山险峻炉峰上，
御苑景山绮望岗；
世界公园看世界，
南锣鼓港任游赏。

（五）

国家大剧院时尚，
晶莹剔透满目装；
不到长城非好汉，
万里长城万里扬。

（六）

居庸②叠翠庸关上，
千年古寺戒台装；
神工鬼斧房山有，
著作石经名远扬。

（七）

青山绿水怀柔望，
晚媚景色蒙山岗；
司马台城雄险峻，
恭王府里负能藏。

（八）

异域美食兴时尚，
宫廷菜肴远流芳；
涮涮羊肉窝艾艾③，
北京烤鸭美名扬。

---

① 圆明：圆明园。 ② 居庸：居庸关。 ③ 窝艾艾：北京风味小吃。

独特天津

（一）

东临渤海天津境[①]，
北枕燕山靠北京；
并蓄中西文化地，
兼容今古大名城。

（二）

文化古街文化盛，
津门故里艺真精；
泥人张彩成精品，
石头门坎表真情。

（三）

文庙风光古典景，
会馆广东岭南声；
异国风情五大道，
劝业场织大繁荣。

（四）

水中之塔观光景，
禅院大殿听念经；
聆听望海残童史，
石狗叩天动地情。

（五）

河海外滩标志景，
海魂标志画媚清；
独乐寺上山门闭，
辽塔观光爽悦情。

（六）

京东第一名山景，
秀丽盘山水澈清；
乾隆帝皇曾点赞，
媲美江南扬美名。

（七）

湖滨赶海沙滩静，
潮差落大水碧清；
大沽炮台威震海，
黄崖关古问长城。

（八）

狗不理包子旺盛，
发祥麻花历久经；
白记水饺焖肘子，
太后慈禧溜搁情。

① 境：此处指境界，胜境。

祥瑞河北

（一）

高原滨海湖泊有，
沙漠湿地共山丘；
巍巍太行山奇迹，
苍莽林海任君游。

（二）

秦皇岛上风光好，
山海关城览扁舟；
溶海天然北戴河，
老龙头水老龙游。

（三）

西柏坡定攻与守，
安济桥也唤赵州；
抱犊寨见三丰足，
蟠龙湖水芦花浮。

（四）

潮起潮落中海守，
角山风景眼中收；
海螺螺旋碧螺塔，
入海求仙皇上求。

（五）

古城正定名悠久，
九楼四塔问春秋；
二十四座金牌坊，
燕起大地久名流。

（六）

风光旖旎承德有，
古朴雅典史书收；
黄金海岸昌黎晒，
避暑山庄名远流。

（七）

保定军校闻名久，
直隶总督德代修；
邯郸典故乡之美，
完璧归赵名久流。

（八）

味重炸烧爆炒有，
肴菜京鲁两地收；
驴肉香肠焖狗肉，
大型饺子一篓油。

贾道山西

（一）

四山[1]南铺黄河水，
晋商贾道义仁归；
金戈铁马三晋地，
馈赠山西名远雷。

（二）

山水人文相荟萃，
龙城宝地至名归；
凌霄双塔市标志，
地下宝库藏炭煤。

（三）

五台山显寺院对，
休养避暑见春晖；
佛教名山秀景色，
群山云海互携陪。

（四）

恒山道教碧秀翠，
悬空峭壁靠山堆；
佛道儒合三教一，
云冈石窟世间遗。

（五）

俯瞰大院喜字对，
乔家风采儒商归；
青砖灰瓦三雕饰，
师常梁曹大王雷。

（六）

古城平遥三千岁，
如金水色映春晖；
明清古玩明清画，
先河开创理财遗。

（七）

临汾鼓楼平阳配，
黄河壶口浪翻飞；
壮观气势独无二，
河水滔天浊浪围。

（八）

闻名面食游人醉，
莜面稻香不靠吹；
一力蒸饺太谷饼，
台磨炖鸡远近雷。

① 四山：此处指北武当山、太行山、五台山和恒山。

广袤内蒙古

（一）

苍茫林海星罗布，
无垠沙漠似浪铺；
雄劲巍峨青山大，
浩瀚草原画美图。

（二）

一代天骄马起步，
大元帝国大洲铺；
江山文化龙形玉，
苍翠悠绿内蒙古。

（三）

大召寺见三绝[①]谱，
白塔砖雕万部枯；
风情街住穆斯林，
大窟文化万年图。

（四）

昭君墓斗形山柱，
将军衙署大疆都；
清公主府博物馆，
赛马训练内蒙古。

（五）

布拉穆仁难看土，
如茵绿草满山铺；
去到牧民家做客，
奶茶油饼问归途。

（六）

游览九峰山瀑布，
奇松林海引人慕；
赛汗塔拉特色景，
蒙古包酒醉墙扶。

（七）

鄂尔多斯雷响鼓，
成吉思汗韵不枯；
沙漠壮美库布齐，
世珍园上筑沙壶。

（八）

美食羊肉多菜谱，
烤烧常见美名慕；
奶茶奶酒酪酥有，
手扒串涮有旺炉。

① 三绝：此处指银佛、龙雕和壁画。

多姿辽宁

（一）

传奇色彩风云史，
秀丽多姿世上稀；
辽东半岛特奇景，
闻名遐迩古今朝。

（二）

两代王都宫显示，
一朝祥地世人知；
遗存古迹光今古，
现代风光日正时。

（三）

沈阳故宫国第次，
张氏帅府换新姿；
无垢净光舍利塔，
本溪水洞古人宇。

（四）

温泉鞍山汤岗子，
朝阳红山文化居；
碧海蓝天大连境，
绮丽风光时尚朝。

（五）

丹东抗美陈列史，
甲午风云黄海漂；
虎山峰顶长城望，
留影鸭绿江断桥。

（六）

金石滩上奇石遇，
龟裂石世界雄踞；
星海广场贝壳馆，
棒棰岛上换新朝。

（七）

炮台营口楞严寺，
旅顺潜艇岸边居；
锦州普陀山奇洞，
兴城宁远守城池。

（八）

满汉全席烹食事，
马家烧饼老陈居；
大连海鲜特色菜，
馅饼高汤亦怡愉。

晶莹吉林

（一）

抚松见雾凇如梦，
长白山上海林峰；
北国古城奇壮丽，
似镜地天世上崇。

（二）

高山滑雪真英勇，
绮丽风光骆驼峰；
江山如画玉皇阁，
松花湖上见蛟龙。

（三）

透剔晶莹靓雾凇，
民情绚丽最关东；
跨境旅游真惬意，
民俗风采意情浓。

（四）

遇见天池迷雾蒙，
群山衬托半山峰；
天池怪兽多传说，
长白山上暖融融。

（五）

松花十里长堤涌，
亦真亦幻美寒冬；
长春最大般若寺，
城市雕塑大伟雄。

（六）

瀑布温泉添美梦，
煮熟鸡蛋水茶冲；
波光粼粼催皑雪，
潮气游人常拜崇。

（七）

长影公园真感动，
激光三维影狂疯；
东方好莱坞之地，
净月潭见海林红。

（八）

饺子砂锅口味重，
白鱼肉嫩口松松；
甜辣冷面清凉爽，
最名珍贵是鹿茸。

瑰丽黑龙江

（一）

奇异瑰丽冰天景，
北国山川水澈清；
丰厚肥沃黑土地，
一江春水秀冰城。

（二）

闻名遐迩冰城境，
一湖碧水两山青；
太阳岛上冰雕节，
北国风光北国情。

（三）

洋味步行街美景，
教堂菲亚①大名声；
明月岛见齐哈尔②，
五大连池扬美名。

（四）

北极光显漠河景，
流光溢彩似流星；
北陲哨兵新景点，
最北边村最美名。

（五）

鄂伦春族成一景，
热情好客棒名声；
篝火晚会仙人柱，
民族歌舞淳朴情。

（六）

奇秀风韵泊湖镜，
吊水楼前瀑布声；
乌苏里听船歌曲，
夏季风光渤国城。

（七）

牡丹江雪城堡景，
积雪两米洁净清；
大红灯映皑白雪，
思义雪乡特色情。

（八）

酱骨头菜多宴请，
红肠松仁拜围兵；
牡丹江上湖鱼宴，
大列巴包饺子情。

---

① 教堂菲亚：此处指索菲亚教堂。 ② 齐哈尔：此处指齐齐哈尔。

魅力上海

（一）

黄浦江水碧波涌，
江海通津南北东；
流行文化标杆地，
时尚魅力别样红。

（二）

流光溢彩人头动，
璀璨夺目鼓足风；
外滩文化恢宏写，
万国建筑映江红。

（三）

亚洲第一声光动，
东方韵味指天锋；
玉盘大小珠落接，
旋转餐厅气势宏。

（四）

城隍庙接豫园动，
民间文化舞东风；
艺术长廊老上海，
杭苏山水韵情浓。

（五）

古镇南翔嘉定种，
绮梦秀丽古殿宫；
景色迷人秋霞圃，
嘉定孔庙筑伟宏。

（六）

南京路上人头涌，
大道滨江新浦东；
吴江美食新天地，
崇明岛上务耕农。

（七）

水上游乐彰运动，
情趣盎然青浦中；
古镇朱家角水墨，
独具匠心情意浓。

（八）

扣三丝见名盘送，
鸡鸭精烹吃蟹功；
小笼包是沪名食，
泡饭年糕也美容。

怡然江苏

（一）

仁者乐山登高望，
智者乐水浪高方；
江湖河海江苏景，
巍巍钟山旖旎藏。

（二）

长江横卧东西躺，
京杭运河南北装；
六朝胜迹人杰地，
古典园林名远扬。

（三）

秦淮河荡舟于桨，
两岸风情古色香；
绚丽柔情夫子庙，
南京古韵美名扬。

（四）

游览“总统府”一趟，
兴衰胜败记牌坊；
中山陵上松青翠，
中华门景大排场。

（五）

长江美景江楼上，
纪念馆心痛最伤；
扬州春柳西湖瘦，
凤城河景泰州赏。

（六）

花果山在连云港，
名人故里淮安装；
水清沙细连岛美，
太湖仙岛名美扬。

（七）

苏州园林绝世上，
拙政留园名远芳；
沧浪亭配林狮子，
明清元宋大名扬。

（八）

鸭肴闻名于世上，
烧焖咸饭总流芳；
扬州炒饭碧虾仁，
阳澄湖蟹远名扬。

雅趣浙江

（一）

雄浑壮阔观潮浪，
灵动清秀且浙江；
潋滟荡漾西湖水，
璀璨文化美名扬。

（二）

钟灵毓秀西湖上，
断桥残雪远流芳；
苏堤春晓三潭月，
报国精忠名美扬。

（三）

瑶池仙境桐庐上，
鉴湖绍兴黄酒桩；
鲁迅故里读三味[①]，
陆游唐婉沈园扬。

（四）

经济腾飞北仑港，
观音普陀海风光；
壮阔舟山岛问路，
南湖嘉兴旗帜扬。

（五）

大稽山见唐诗唱，
安昌古镇古桥坊；
四库全书天一阁，
宁波溪口望镐房。

（六）

乌镇古镇名声旺，
文巨茅盾故里乡；
湖州难得飞英塔，
莲花碧水刻碑墙。

（七）

西施故里浣纱望，
丽水仙都石笋桩；
楠溪山上温州境，
金华温州美画廊。

（八）

爽脆清鲜精食尚，
味美西湖莼菜汤；
东坡肉炒鲜虾仁，
火腿金华名远扬。

---

① 三味：此处指布衣暖、菜根香、诗书滋味长。

明秀安徽

（一）

一分为二安徽版，
长江水路曲弯弯；
天地精华交错地，
黄山今古美名栏。

（二）

奇峰云海游人赞，
佛教名山九华山；
三国群豪东晋战，
精华大地任游览。

（三）

徽州仙境游人叹，
著称于世大黄山；
迎客松映飞来石，
梦笔生花百步缠。

（四）

淝水战例典故版，
古城墙映八公山；
烟波浩渺安丰景，
八里河迷秀丽栏。

（五）

名人辈出庐州产，
古镇三河恋往返；
功过是非李鸿章，
张辽威震窦池还。

（六）

柳绿盈岸游人赞，
芳菲夹道阜阳关；
秀丽典雅豪州有，
神医华佗鼎医坛。

（七）

文房四宝皖南产，
皇城凤阳马鞍山；
巢湖山水汤池涌，
休宁云山福地览。

（八）

香咸菜肴餐餐饭，
乾隆豆腐洒民间；
久负盛名香板鸭，
肉合小食美名栏。

神奇福建

（一）

明媚曲折山川好，
丹山碧水眼中收；
海上明珠星点点，
鼓浪琴音名远流。

（二）

名园名寺名居有，
闽江晨韵下福州；
三山鼎峙榕城塔，
满城榕树满城留。

（三）

三坊七港日经久，
严复葆祯国宝收；
林则徐馆青牌刻，
海坛岛见海坛留。

（四）

蓝天碧海情悠久，
万安桥刻记泉州；
莆田妈祖湄州上，
海上丝绸路永留。

（五）

清泉潺湲茫荡守，
缭绕云雾锁山丘；
岩石皑洁玉华洞，
浩瀚幽深泰宁游。

（六）

鼓浪屿上异域有，
南山寺八景漳州；
日光岩顶眺厦门，
土楼文化远芳流。

（七）

溪水清澈九曲守，
迂回曲折景区收；
挺拔奇秀山回转，
武夷丹山碧水游。

（八）

佛跳墙菜历经久，
鱼翅海参品质优；
荔枝肉配油光饼，
线面鱼丸口水流。

重彩江西

（一）

重彩浓墨红色梦，
神迷目眩五山峰；
物华天宝人杰地，
重走长征情正浓。

（二）

南昌起义军英勇，
广场铭记刻碑丰；
南昌标志滕王阁，
梅岭洪崖丹井容。

（三）

鄱阳湖鸟繁物种，
雄奇秀拔庐山峰；
风光旖旎庐别墅，
庐山情牵牯岭浓。

（四）

景德镇古陶瓷颂，
绿茶瑶里古镇冲；
洪岩尽胜绚丽景，
最美乡村婺源逢。

（五）

青山如黛虹桥踊，
泉水清澈庆源冲；
三清山上绝奇景，
怪石云海古木松。

（六）

秀丽奇峰龙虎送，
上清古镇上清宫；
珠圆玉润如仙境，
人物如似唯从容。

（七）

井冈山险奇溶洞，
孕育革命得成功；
红军决战黄洋界，
瑞金红史万年红。

（八）

美食香辣咸味重，
罐汤出品定原盅；
三杯鸡有其特色，
鄱阳鱼头米饭红。

厚重山东

（一）

大水大山情厚重，
名山圣地大山东；
九曲黄河入海口，
泰山巍峨见伟雄。

（二）

四大名泉济南拥，
灵秀绮丽五山峰；
半城湖半城山色，
泉涌虎啸水舞龙。

（三）

曲阜地境游三孔①，
圣人圣地圣家中；
七十六代藏书谱，
儒家文化永传奉。

（四）

五岳泰山独尊颂，
眺望黄河登顶峰；
云海玉盘观景色，
夕照晚霞映彩虹。

（五）

邹城孟子传奇颂，
漫步红墙碧瓦中；
苍松古柏哲人在，
贤人才圣后人崇。

（六）

金沙滩上烟台颂，
威海蔚蓝海韵风；
海上仙山蓬莱阁，
成山峭壁势恢宏。

（七）

五四广场螺旋动，
蓝天碧海问游踪；
浑然一体红砖瓦，
青岛啤酒味鲜浓。

（八）

奶汤蒲菜名传颂，
一品海参饼大葱；
威海鲍鱼蓬莱面，
泰山三味受尊奉。

① 三孔：此处指孔府、孔庙、孔林，下同。

物华河南

（一）

问鼎中原天下守，
千年商事起商丘；
八卦太极少林寺，
河图周易永传流。

（二）

万千景象开封好，
之中天地世遗收；
遗产包括十一项，
少林功夫世上牛。

（三）

炎黄二帝青天佑，
九曲黄河望眼收；
五龙峰映岳山寺，
黄河滚滚向东流。

（四）

清明上河园罕有，
厚深底蕴宋朝收；
大相国寺天王殿，
包公清正史芳留。

（五）

道风儒骨忠烈守，
清澈混浊两湖收；
杨继业与潘美比，
忠奸宋代远传流。

（六）

太行巍巍灵秀有，
愚公移山济源收；
云台心境且焦作，
安阳青铜世上流。

（七）

洛阳龙门石窟久，
魏碑书法艺精收；
牡丹故土开鲜艳，
三门峡景任君游。

（八）

金枝玉叶情悠久，
鲤鱼焙面在郑州；
小笼包子锅焖饼，
桶子鸡汤盛满油。

通衢湖北

（一）

三镇连接武汉境，
黄鹤楼前听涛声；
浩渺明净东湖水，
汉长江汇见江城。

（二）

风情荟萃中枢景，
星罗棋布万脉经；
万里长江桥一座，
楚国晴川扬美名。

（三）

奇山秀水长江景，
荆州典故大名声；
葛洲坝水飞奔泻，
春秋战国纪南城。

（四）

重岩叠嶂三峡景，
汹涌奔腾泄泄声；
三峡大坝雄伟壮，
屈原千古远扬名。

（五）

武当山显奇雄景，
道教仙山赞叹声；
紫霄宫上非凡气，
南岩宫映紫金城。

（六）

赤壁之战摆场景，
蓝天陆水驻逊兵；
通山暮丧李自成，
昭君美女古扬名。

（七）

通心云海波涛景，
横山锁水下游清；
苏轼前后《赤壁赋》，
笔锋见万种豪情。

（八）

排骨藕汤美食盛，
武昌鱼吃大蒸清；
热干面食蔡林记，
烧卖汤包小有名。

旖旎湖南

（一）

明媚清秀湖南指[①]，
雄浑浩渺大山居；
风光绮丽潇湘境，
荟萃人文今古朝。

（二）

山水名都长沙史，
书院岳麓出名师；
橘子洲头湘八景，
古刹千年密印寺。

（三）

峰林洞瀑清澈至，
怪石奇峰世上稀；
神工鬼斧张家界，
险秀奇雄境上持。

（四）

汨罗境存屈子祠，
洞庭胜景引人痴；
岳阳楼韵名千古，
远眺烟波唱晚移。

（五）

五村古镇芙蓉至，
湘西文化凤凰居；
古城底蕴深丰厚，
丹霞崀山桂林移。

（六）

天才唯梦生于斯，
韶山主席棒故居；
伟人故里山川秀，
湘南风光心悦愉。

（七）

衡山飘逸连绵至，
南岳独秀引经居；
梦幻神话苏仙岭，
东江湖水任漂移。

（八）

辣味酸香烹食事，
剁椒鱼头世上知；
东安鸡子红烧肉，
德园包子粉蒸池。

---

① 指：此处是指向的意思。

激情广东

（一）

岭南风情闻世上，
绝伦精彩举无双；
毗邻港澳临南海，
敢为人先名美扬。

（二）

五羊标志越秀上，
镇海楼前稻穗香；
白云山秀羊城景，
杰作中山纪念堂。

（三）

南海之滨深圳上，
改革前沿世界窗；
大小梅沙欢乐谷，
华侨小镇城里藏。

（四）

丹霞山顶观日望，
金鸡奇岭到乐昌；
祖庙德庆三元塔，
黄埔军校美名扬。

（五）

开平碉楼独一榜，
夏威夷景到阳江；
湖光岩秀清澈水，
珠海伶仃渔女藏。

（六）

西关老屋名闻广，
陈家祠里盛雕装；
西樵山生康有为，
四大名园①南国藏。

（七）

汕头南澳岛拍浪，
海山石洞岸边装；
潮州广济桥湘子，
梅州围屋远名扬。

（八）

海鲜生猛入排档，
小吃致精闻四方；
色香美味汤鲜秀，
广东是美食天堂。

① 四大名园：指梁园、余荫山房、可园和清晖园。

秀丽广西

（一）

万种风情山水好，
瑰丽多姿景色收；
文物荟萃山崖画，
漓江桂林甲全球。

（二）

绿翠满目南宁有，
风光旖旎眼中收；
泉清水澈山青秀，
云雾缭绕大明游。

（三）

边关南国金汤守，
德天瀑布泻山丘；
明仕田园翠竹岸，
花山岩画世遗留。

（四）

桂林闻名风景好，
象鼻山形吸水收；
青绸绿带漓江上，
千姿百态冠全球。

（五）

诗乡古镇贺州有，
贵港南山下梧州；
伏波叠彩四湖景，
世间天地永传流。

（六）

阳朔古色飘香久，
北海银滩海景收；
细腻沙滩蓝湛水，
徒步海滨浪漫游。

（七）

龙脊梯田龙胜有，
融水三江近柳州；
颐和鼓楼惊世界，
兴安灵渠传远流。

（八）

名菜乳猪糯米酒，
风烩虎龙在梧州；
烹制鸡鱼粥粉面，
民族风味祖传留。

惊羡海南

（一）

美丽宝岛处处景，
步步皆诗绿翠青；
蓝天碧海琼崖韵，
椰林沙滩浓郁情。

（二）

儋州东坡书院境，
大文豪指处书声；
人生三贬不移志，
青史垂留扬美名。

（三）

五公祠寄名臣境，
琼台书院留魁星；
秀英炮台威凛凛，
旖旎风光西岸情。

（四）

松涛天湖棒色景，
植物园四季常青；
黎母山石高险峻，
五指山峰悠悠情。

（五）

三亚大东海美景，
亚龙湾沙皑洁晶；
天涯海角南天柱，
月牙湾世界闻名。

（六）

兴隆温泉万宁境，
琼海论坛博鳌声；
田园风光铜鼓岭，
万泉河水万泉情。

（七）

鹿回头瞰浩瀚景，
凤凰岛显海名星；
观音临海南山寺，
文昌古韵椰林情。

（八）

海鲜美食游风景，
东山羊嫩味不腥；
文昌鸡配嘉积鸭，
捞粉青稞传美名。

毓秀重庆

（一）

毓秀钟灵奇仙景，
巍峨山川泉水声；
古代巴人风韵事，
看花雾里到山城。

（二）

武隆天生桥一景，
三龙三座洞奇惊；
雄奇山峦游人叹，
旖旎风光天赐成。

（三）

夜幕游轮览美景，
流光溢彩满天星；
两江交汇群山艳，
华灯遍地万家情。

（四）

雄奇壮丽三峡景，
举世无双天险惊；
白鹤梁水碑林下，
蜚声今古鬼神城。

（五）

朝天门见长江景，
嘉陵江交水浊清；
解放碑行开眼界，
古镇磁器晚清情。

（六）

瞿塘峡多奇丽景，
两岸悬崖陡险惊；
石宝寨临江一拔，
江上明珠仙阁城。

（七）

爬坡上坎看风景，
大足刻石匠技精；
缙云山上观日出，
闻名于世钓鱼城。

（八）

美食火锅绝一景，
麻辣浓爽大名声；
四街美食权威菜，
重庆小面寄悠情。

壮美四川

（一）

丰饶富庶巴蜀地，
古韵千年总有书；
沧桑巨变闻天下，
雄丽秀美最峨眉。

（二）

九寨梦幻真绮丽，
人间仙景树丰碑；
斑斓五彩河山景，
缤纷绚丽好神奇。

（三）

九寨天下莫能比，
青城山幽绮丽书；
剑门关外青天上，
都江堰古代雄伟。

（四）

自贡宜宾古镇地，
大佛乐山山水依；
红军夺过泸定桥，
康定盐源见画眉。

（五）

诸葛孔明祠堂里，
鼓钟碑碣匾联书；
杜甫草堂诗满壁，
千年翠竹问传奇。

（六）

西昌火箭飞天记，
绵阳油江李白书；
熊猫国宝汶川境，
黄龙翻腾传远逶。

（七）

秀美壮观西岭地，
灿烂银光白色披；
临邛酒肆文君井，
仙茶悠久雅安奇。

（八）

宫保鸡丁出品地，
牛肉水煮满街市；
四川小食千多种，
重味麻辣酸菜鱼。

悠扬贵州

（一）

青山叠嶂多姿彩，
静谧幽僻谷幽溪；
山国之都名贵阳，
中华一瀑破天来。

（二）

青山秀水原生态，
层层叠叠苗家寨；
仁怀国酒茅台酒，
风靡五洲扬品牌。

（三）

气候宜人贵阳界，
四季如春不用猜；
苏杭天堂相媲美，
拂面春风阵阵来。

（四）

草海威宁真风采，
水草茂繁阶接阶；
明珠难得高原见，
遍野杜鹃百里来。

（五）

雄浑瀑布来天际，
水面横宽一百米；
磅礴气势黄果树；
五洲宾客水潮来。

（六）

风尘一路开阳界，
赤水四渡任人猜；
雄关漫道真如铁，
遵义会议救星来。

（七）

红枫湖洞背山势，
青岩古镇老市街；
尖楼甲秀文昌阁，
绝壁天河潭见齐。

（八）

三天不吃着酸菜，
打蹿行路上台阶；
酸汤鱼配鸡肉饺，
荞麦凉粉竹宴来。

七彩云南

（一）

自古云南多七彩，
丽江大理九州寨；
世间名胜石林配，
西双版纳引人迷。

（二）

丽江古道天山外，
古乡古色棒市街；
串街过巷玉泉水，
石地石梁石柱牌。

（三）

神工鬼斧石林态，
林立石柱比高低；
石林湖映奇风洞，
美景天生世上来。

（四）

水秀山清棒世界，
香格里拉迷你猜；
佛教殿堂“归化寺”，
明永冰川梅里埋。

（五）

古城大理真风采，
家家流水见清溪；
雄伟城楼临洱海，
西枕苍山古韵来。

（六）

西双版纳原生态，
孔雀满山似野鸡；
傣族礼仪独特有，
白塔风姿塑品牌。

（七）

哈尼梯田块接块，
层层叠叠比高低；
别曲天工写美景，
举世瞩目客远来。

（八）

山珍野菌云南菜，
草烟菜普压东西；
过桥米线芳香爽，
特产白药精品牌。

雪域西藏

（一）

珠穆朗玛山峰上，
长年白雪冷冰霜；
清澈如镜江湖水，
布达拉宫名远扬。

（二）

羊卓雍错极目望，
洁纯碧透世无双；
白居寺见寺中塔，
寺庙夏鲁高远扬。

（三）

布达拉宫山角望，
药王山上映日光；
红宫供奉佛宗教，
白宫精品尽收藏。

（四）

碧水清波云映上，
高原圣地雪域乡；
金黄油菜花遍地，
千年古柏林芝藏。

（五）

日光城好多人逛，
藏族特色满城装；
大昭寺满墙壁画，
浓郁藏情游八廊。

（六）

峡谷雅鲁金榜上，
幽深险峻在中央；
乃东琼结冰川路，
河滩谷地映牧场。

（七）

林朗寺庙多条巷，
喇嘛着一色着装；
罗布林卡奇古迹，
纳木错畔放牛羊。

（八）

手抓肉菜很时尚，
糌粑酸奶有异乡；
酥油茶是日常品，
火锅川味也平常。

古朴陕西

（一）

大气磅礴兵马俑，
十三朝代古皇宫；
秦砖汉瓦博物馆，
文物古迹大伟雄。

（二）

栩栩如生兵马俑，
将军骑士曲别工；
真人真马仿真像，
数千兵马脸无同。

（三）

兴衰荣辱西安觅，
浩如烟海古行终；
六千年创石文化，
追思炎黄到神农。

（四）

华清池见温泉洞，
碑林真迹笔生风；
大雁宝塔秦皇墓，
精美绝伦史话浓。

（五）

浮雕传说钟楼颂，
雄伟高大古晨钟；
古城墙作防御系，
数代古都人拜崇。

（六）

领袖尚住山窑洞，
领导革命得成功；
嘉岭山顶延安塔，
不变初心后代崇。

（七）

华山五指峰歌颂，
落雁峰是主山峰；
自古华山条一路，
五峰登顶算从容。

（八）

羊肉泡馍心生动，
灌汤包子馅皮松；
肉香皮脆肉夹馍，
凉皮饺子合蒸笼。

奇妙甘肃

（一）

苍茫戈壁沙漠浪，
黄土高坡道路烫；
洁白莹润冰川水，
丝路黄河久远长。

（二）

雄关天下嘉峪上，
悬空铁壁倒挂装；
横过沙漠戈壁路，
接壤长城万里长。

（三）

东方艺术明珠港，
敦煌莫高窟亮芳；
生辉熠熠民族景，
清澈月牙泉远扬。

（四）

莫高窟有千佛像，
彩塑壁画满堂装；
前秦文化藏仙境，
宏大规模久悠长。

（五）

皑皑雪峰山插上，
敦煌雅丹世无双；
五泉山上黄河水，
天下雄关处处扬。

（六）

月牙泉像新月躺，
鸣沙四面当牌坊；
流沙堆积山峰立，
不涸泉水远传扬。

（七）

百态千姿奇景象，
丝绸古道饱风霜；
长城断壁残垣地，
雄姿犹在晒风扬。

（八）

五色凉皮真棒相，
羊肉六吃配清汤；
山丹油果肉夹子，
兰州拉面远飞扬。

梦绕青海

（一）

草天相映沙漠路，
湛蓝谧静永无涸；
壮美风光绮景色，
国家名胜青海湖。

（二）

唐蕃古道丝绸路，
民和循化到乐都；
明月山下牧羊景，
高原景色满沿途。

（三）

海心沙有湖心护，
怪石嶙峋令人慕；
“龙驹”骏马生岛上，
点点沙洲附美湖。

（四）

可可西里山脉谱，
千畜百兽万物都；
藏羚羊是其特产，
稀有动物不可捕。

（五）

魅力鸟岛吹葫芦，
悠扬雅韵鸟轱轳；
数十万只来栖息，
翱翔天空画美图。

（六）

北禅寺使人竭步，
山崖层叠土楼铺；
三绝[①]塔尔寺风格，
老爷山峰秀旅途。

（七）

青海屋脊奇无数，
西宁称中国夏都；
万丈盐桥察尔汗，
江河源自化冰壶。

（八）

崇山峻岭河湟土，
高山湖泊水不涸；
冰川雪化天涯冷，
酥油羊肉伴旅途。

---

① 三绝：指酥油花、壁画和堆绣。

盆景宁夏

（一）

塞上江南在宁夏，
沼泽绿洲似到家；
江南秀美姿多彩，
大漠风光绣晚霞。

（二）

玉皇阁上青龙架，
雄伟气势绣别花；
匠工精湛高超艺，
鼓楼相映映红霞。

（三）

河流碧水宁文化，
沙漠戈壁筑篱笆；
塞上明珠汇美景，
亲临胜景甚惊讶。

（四）

沙坡头下黄沙架，
漂流冲浪听鸣沙；
大漠西北腾格里，
羊皮筏子海沙爬。

（五）

沙湖美景风光画，
沙水苇山护荷花；
六大景源张秀色，
大漠风光水上挂。

（六）

回族风情集宁夏，
淳朴民风赞有佳；
天下黄河川织过，
风情深厚耀中华。

（七）

千年贺兰山岩画，
古代游牧处处家；
连绵林海苏峪口，
鬼斧神工映晚霞。

（八）

浓烈口味多烧炸，
羊肉搓面配葱花；
枸杞红黄蓝黑白，
滚粉油香炒豆芽。

浩瀚新疆

（一）

绚丽多彩新疆境，
风光塞外驼铃声；
悠扬雅韵千年唱，
留下高昌交河城。

（二）

吐鲁番熟葡萄景，
串串葡萄水晶晶；
葡萄沟连山火焰，
交河土筑古遗城。

（三）

奇幻色彩西域景，
冰川风雪影莹晶；
湖泊澄澈粗犷美，
雪松云彩大漠情。

（四）

如萧如笛鸣沙景，
凄婉低回悠雅声；
巴里坤湖山怪石，
浩瀚草原扬美名。

（五）

无垠沙漠千万顷，
草原辽阔马疾声；
文物古迹天山路，
歌舞升平传美名。

（六）

和田喀什沙漠景，
目不暇接令人惊；
新疆南北多姿彩，
民族团结大繁荣。

（七）

高山湖泊天池景，
皑皑白雪水碧清；
盛夏天池避暑地，
天山冬季溜冰城。

（八）

牛羊面食新疆境，
葡萄哈密瓜枣精；
馕是新疆人主食，
烧烤羊肉烙美名。

明珠香港

（一）

熙熙攘攘访香港，
明珠耀眼在东方；
繁华秀丽尖沙咀，
满目琳琅大卖场。

（二）

展览中心值得逛，
天空飞翔鸟翅装；
紫荆铜像花耸立，
香港公园赏海洋。

（三）

维多利亚明珠港，
得天独厚海风光；
车水马龙到旺角，
夜景璀璨名美扬。

（四）

迪士尼挥洒幻想，
扯旗山下好风光；
美丽海湾湾浅水，
星光大道仿西洋。

（五）

时髦精致异时尚，
岁月痕迹见沧桑；
回归祖国日月换，
都市志大气高扬。

（六）

楼宇耸立首印象，
节奏高快慢难装；
流通港纸人民币，
闻名誉卖似天堂。

（七）

金融中心深水港，
赛马观光博彩桩；
闲逸旅游好去处，
屿山上面是机场。

（八）

花样繁多美食港，
海鲜西贡鲤鱼坊；
世界美餐佳肴有，
云吞小食也名扬。

沧桑澳门

（一）

赌场内外碧辉煌，
闻名博彩最东方；
大三巴象征澳门，
回归之后大名扬。

（二）

半岛澳门市街巷，
记录历史的沧桑；
没有惊艳古建筑，
繁荣是市政广场。

（三）

涨潮拍岸声声浪，
靠港邮轮客满仓；
黝黑海滩月半个，
国际音乐圣母堂。

（四）

旅游塔四周观望，
半岛澳门好风光；
到澳参观天主教，
应数圣奥斯定堂。

（五）

九九回归大变样，
内地托依做后方；
上下一心谋发展，
古来澳门棒汉广[①]。

（六）

异国风情映水上，
威尼斯人[②]顶亮张[③]；
水都搬上骑楼顶，
度假旅游慢慢赏。

（七）

中西文化交流港，
开门对外又开窗；
博彩是经济主业，
游客大多到赌场。

（八）

美食特推葡国相，
蛋挞杏仁饼风光；
海鲜美食中餐馆，
手信礼包名远扬。

---

① 汉广：最好。 ② 威尼斯人：指威尼斯人宾馆。 ③ 亮张：楼顶亮丽的云彩装饰。

风情台湾

（一）

祖国宝岛是台湾，
一岛带水像月弯；
海峡两岸同文化，
千丝万缕总盘缠。

（二）

湖泊溪水游人赞，
水中岛上映月弯；
日月潭见湖光色，
绮丽景致任游览。

（三）

山川秀丽收入眼，
云海晚霞阿里山；
日月潭见觚如月，
夜生活炫丽斑斓。

（四）

云海晚霞也盛产，
最是留恋阿里山；
樱花沉醉催日出，
阿里群山盘锦缠。

（五）

台北故宫耀众眼，
七十万件宝藏单；
陶瓷书画青铜器，
不少大陆珍品览。

（六）

鹿港三台①在台湾，
众多奇迹海山间；
赤嵌楼见承天府，
郑成功成天府檀。

（七）

中心铜像别光灿，
溪容温泉阳明山；
去寻八景镇溪水，
罗列绵延野柳颜。

（八）

台湾小食卤肉饭，
夜景街市人往返；
鸭片粉园担仔面，
珍珠奶茶牙好弹。

① 三台：此处指台北、台中和台南。

感恩广州

（一）

风水羊城地最好，
基奠两千多个秋；
白云山下珠江水，
功名代代竞风流。

（二）

大学读了找业就，
第一接收我广州；
有份参与她建设，
多年培养记心留。

（三）

春风处处拂杨柳，
祖国南门且广州；
大厦高楼平地起，
羊城八景任君游。

（四）

勤奋务实情义有，
凡是人才都接收；
海纳包容不计较，
踏实做事定能留。

（五）

过年常有烟花秀，
五月时节赛龙舟；
花海花城花世界，
食在广州名远流。

（六）

标志广州塔最好，
交通地铁布局优；
一年两季交易会，
经济腾飞甚是牛。

（七）

历程风雨日经久，
不断成才且广州；
羊城宝地沐天福，
感恩不尽记心留。

（八）

人问您且先处好，
我答当然且广州；
人文风水成才地，
一生烙印永存留。

雅趣凤凰

（一）

沱江吊脚楼场景，
万名塔倒影清清；
古老城楼悠悠史，
秀丽绮丽凤凰城。

（二）

古城夜色迷人景，
灯光色彩莹晴晴；
吊脚楼装山满月，
人间惬意是亲情。

（三）

彩虹跨过沱江境，
虹桥修筑拱形经；
泛舟点点轻风过，
水划沱江不了情。

（四）

凤凰城是传奇景，
世外游人多叹惊；
楚巫文化三族[①]聚，
世间美丽的山城。

（五）

依山傍水城楼景，
小城不大景幽清；
吊脚楼山水衬托，
美丽真山水画情。

（六）

沱江江水幽绿静，
奇山秀水万目清；
几处故居从文属，
悠悠古韵北门城。

（七）

青石板路铺街景，
画意诗情澈水清；
古香古色繁华处，
南方少有古长城。

（八）

血粑鸭子催人醒，
栗子炖鸡菜最精；
米粉蒸肉叶粑粑，
腊肉豆腐隔年情。

① 三族：此处指苗族、土家族和汉族。

名扬都江堰

（一）

青城天下郁葱景，
悬崖绝壁伴山青；
惊涛骇浪岷江水，
举世闻名水利情。

（二）

李冰父子当首领，
决心除水害兴兵；
精心设计离堆凿，
都江堰水利工程。

（三）

都江堰是要塞境，
青甘通道定着经；
军事咽喉关键地，
历代纷争战鼓鸣。

（四）

鱼嘴飞沙堰宝瓶，
三大工程①主体经；
防洪引水分流灌，
水利珍奇扬美名。

（五）

多奇险胜青城境，
风光无限满山青；
道家风水沾灵气，
历代名人墨迹铭。

（六）

李冰父子川人敬，
治水二王“三字经”；
“六字皆音”明凿路，
“格言八字”古今情。

（七）

幽幽天下青城景，
都江堰水古今清；
拜水都江取美乐，
离堆堆满世间情。

（八）

白果炖鸡汤满盛，
龙兔头鲜有味腥；
冰粉渣渣面小吃，
葱葱春卷满城情。

---

① 三大工程：指鱼嘴、飞沙堰和宝瓶引水口。

奇观大理

（一）

边陲大理风光美，
春夏秋冬总有书；
不有严冬无酷暑，
富饶物产美传奇。

（二）

历史名城注大理，
大理古城烙古基；
繁花似锦周围境，
悠悠古韵显宏伟。

（三）

粼粼波光洱海起，
烟波浩渺海湖予；
水墨佳画苍山映，
风光积雪更明媚。

（四）

蝴蝶泉水清澈许，
泡泡泉水两依依；
风情大理离奇景，
彩蝶千万影不离。

（五）

白墙青瓦白族记，
古朴民风本本书；
板瓦为沟通瓦顶，
照壁安康吉祥媚。

（六）

崇圣三塔奇特美，
大理影城三部书；
人生三道茶①经典，
三种人生境界奇。

（七）

风情岛景独特美，
四周环水水山依；
双廊美誉传今古，
南诏风情传远透。

（八）

松茸弓鱼且大理，
凉鸡米线肚不饥；
干巴菌类田螺配，
乳扇粑粑慢慢撕。

① 三道茶：此处指清苦茶、甜茶和回味茶。

古韵丽江

（一）

碧玉大砚真绮丽，
绿水旋回本本书；
环绕四面青山景，
高原仙境显神奇。

（二）

文化名城历史记，
三山为屏筑城基；
支流三股玉泉水，
清溪垂柳影不离。

（三）

蜿蜒溪水清如许，
串家绕户水桥依；
高原风景江南水，
人与桥水永不离。

（四）

木府丽江城印记，
中原文化满城书；
毓秀钟灵添灵气，
久负盛名天下奇。

（五）

红色角砾石配美，
大街小巷总铺披；
精亮滑溜光耀眼，
美丽风光秀画眉。

（六）

古楼万古楼情记，
丽江标志记且书；
全木结构通天柱，
纳西文化展宏伟。

（七）

玉龙雪山风景美，
5A 景点树丰碑；
常年积雪冰川路，
美妙绝伦世间奇。

（八）

阿婆骨腊香味美，
马帮菜肴满城书；
玫瑰花饼鸡凉粉，
米线粑粑豆腐鱼。

瑰宝平遥

（一）

三千年史平遥上，
近代商贾数晋商；
中华瑰宝平遥显，
古今中外大名扬。

（二）

文化名城金榜上，
成功申获世遗章；
5A 景点游称号，
十大古城名远扬。

（三）

傍晚古城灯点亮，
十米高上亮光光；
古朴厚重平遥景，
悠悠历史古城墙。

（四）

票号日升昌对账，
全国银行第一章；
放存汇兑金融业，
内外名声处处扬。

（五）

四大道街成百巷，
民居建筑巧雕装；
平遥文庙东西学，
灌输伦理儒家堂。

（六）

砖石铺就城墙上，
两驾马车平伴装；
高大城墙四个角，
垛口三千摆战场。

（七）

旱船高跷龙灯上，
竹马秧歌抬阁装；
悬高明镜传神话，
十大古村文化扬。

（八）

平遥牛肉美食相，
曹家熏肘四时香；
刀削面又三和饭，
莜面搓鱼是尚粮。

雄伟山海关

（一）

天下第一关场境，
依山傍海水碧清；
壮丽雄伟群傲立，
古今世外总闻名。

（二）

燕山麓系长城景，
辽左咽喉通北京；
屏障一道京津守，
此为天下一关城。

（三）

军事防御古一景，
七座卫城守重兵；
敌台烽火台无数，
护城河外绕全城。

（四）

长城三大奇观境，
南连渤海北燕青；
六朝修筑工程峻，
五场战事记关城。

（五）

巨龙跃上群峰景，
蜿蜒越舞曲弯经；
战云已远翻页过，
雄关犹在记悠情。

（六）

老龙头是独特景，
登楼观海万目清；
波涛汹涌千帆过，
云海茫茫渤海情。

（七）

望夫石见山门景，
海水浮云难说清；
孟姜女送寒衣典，
倒塌长城动地情。

（八）

海鲜佳肴真丰盛，
烤火虾香不见腥；
牛杂汤浓铁板蟹，
饽椤饼香四季情。

溢彩曲阜

（一）

曲阜圣地名城榜，
儒教圣人孔子乡；
儒家文化不落日，
享誉全球名远扬。

（二）

儒家学派鼎金榜，
仁义礼智信尚方；
儒家经典六经著，
天之贤圣古今扬。

（三）

重点文物保护榜，
外城城内扁形方；
数百余年统治史，
鲁国典阜遗古城。

（四）

孔庙两千多世上，
一千六百大陆装；
规模宏大壮丽景，
礼奠圣先纪念场。

（五）

奇丽园林孔府上，
世代嫡裔居住庄；
庞大院落四百屋，
三十亩地做围墙。

（六）

七十六代族墓葬，
两千余载孔林坊；
重修重建十六次，
八公里路碣碑墙。

（七）

孔子儒家先圣上，
放之百世总流芳；
五洲孔子学院有，
儒家文化美名扬。

（八）

神仙鸭子神仙望，
香煎酥饼又夹双；
粥泡羊肉熏豆腐，
孔府点心曲阜粮。

辉煌敦煌

（一）

莫高窟景藏敦煌，
壁画闻名天下芳；
世遗文化名城有，
西部明珠名远扬。

（二）

鸣沙山也且敦煌，
月牙泉水背沙装；
奇山异水丝绸路，
千年胜景美名扬。

（三）

手西佛洞莫高上，
艺术明珠点缀装；
壁画窟中五万尺，
文化宝库内外扬。

（四）

鸣沙山听沙声响，
管弦丝竹五谱装；
叹服大自然奇景，
飞沙鸣响韵悠扬。

（五）

月牙泉景沙山望，
酷似弯月澈水装；
千年不涸奇观景，
沙水共生泉水藏。

（六）

大漠千里河西上，
驼铃咏吟大沙岗；
沧桑历史兴衰盛，
古代文明悠悠扬。

（七）

大漠戈壁城墙望，
西域风情城内装；
四月庙会滑沙节，
丝绸之路汉长城。

（八）

胡羊焖饼入时尚，
门面烤全羊味香；
沧耳油糕名小吃，
驴肉黄面记悠扬。

天险长江三峡

（一）

笔架岩峰天水倚，
滔滔江水万情书；
游轮驾浪江心过，
秀水山清入画眉。

（二）

目前世上无能比，
工程枢纽万丰碑；
灌溉农田亿万万，
南水北调自是她。

（三）

长江三峡壮丽美，
举世无双山水予；
奇峰连水天山接，
悬崖两岸显神奇。

（四）

航运旅游种种备，
得天独厚背且书；
一代工程万代福，
造福人间真是奇。

（五）

天下无双棒水利，
二百米高大坝碑；
蓄水防洪兼发电，
登高眺望好宏伟。

（六）

白鹤梁上石梁记，
春冬枯水露容予；
水下碑林第一绝，
水文站是古传奇。

（七）

白帝城门若印字，
张飞庙背壮宏基；
孔明军师谋大略，
沧海巫山飘旌旗。

（八）

四日三夜游历记，
三峡长江本本书；
有限时间无限景，
心灯常闪见峨眉。

魅力古镇

秀美乌镇

（一）

迷人画卷智慧领，
多彩缤纷文化经；
不变亘古活化石，
淳朴秀美水乡情。

（二）

江南封面乌镇景，
水乡泽国扁舟轻；
东栅观光西度假，
北南栅古韵风情。

（三）

水阁枕河三面景，
乌镇灵气对门经；
碧水蜿蜒幽雅韵，
户户家家亲水情。

（四）

百步一桥流水影，
桥里有桥百步经；
通济仁济双桥望，
真似月中井底情。

（五）

茅盾故里书香景，
立志书院雅韵清；
悠情万种文昌阁，
沈家世代笔墨情。

（六）

晶莹剔透西栅景，
七十二座古桥经；
妩媚秀丽居灵水，
幽深曲折水乡情。

（七）

民间艺术奇葩景，
蚕丝制酱铁锅经；
评书花鼓船拳戏，
长盛不衰茶馆情。

（八）

美食红烧肉旺盛，
肉嫩羊肉选料精；
老姜黄酒萝卜配，
白水鱼鸡梅桃情。

幽深西塘镇

（一）

廊栅烟雨西塘韵，
墨顶白墙世上身；
远眺水乡山水画，
波光舟影景迷人。

（二）

荡漾绿波白黑衬，
幽深古弄激情奔；
夕阳斜照诗如画，
渔舟唱晚醉游人。

（三）

卧龙桥现桥梁阵，
镇上白桥迎客宾；
九龙捧珠连八块，
八面来风揽景仁。

（四）

五福桥头五福顺，
送子来桥继祖根；
烟雨长廊佳景美，
永宁桥头不染尘。

（五）

弄堂特景条条引，
曲径通幽万象新；
西塘一景石皮弄，
几许情深游弄人。

（六）

上下西街连紧紧，
挑担换肩够转身；
塘东街旺繁华景，
满尘药架惠人民。

（七）

西塘文化田哥韵，
等待千年一夜奔；
悠悠夜水波盈盈，
迷离朦胧好奇神。

（八）

梅菜扣肉菜肴引，
白丝鱼上讲鲜新；
混沌老鸭煲黄酒，
送子龙蹄迷食神。

神韵南浔镇

（一）

闻名遐迩南浔镇，
丝绸之府满商身；
中西合璧绮丽景，
诗画般若古韵神。

（二）

藏书楼现诗书韵，
园子莲池白柱根；
假山顶上凉亭配，
美韵南浔的早晨。

（三）

瑰玮奇绝宏屋阵，
万间楼宇蜿蜒身；
石桥相接沿廊配，
青瓦白墙斜顶勤。

（四）

张氏古宅明诗韵，
恢宏精湛画媚春；
刘氏梯号红房子，
豁然聪慧南浔人。

（五）

耕桑之富悠悠韵，
甲于浙右古今身；
民风淳朴江南地，
小桥流水醉游人。

（六）

五大名园相配衬，
刘园内外一墙分；
荷花池见鱼玩水，
观荷亭写美诗文。

（七）

流淌河水江南印，
往来船只浪花奔；
南浔三桥醉美景，
水乡如画大名闻。

（八）

佳肴绣花锦菜韵，
双林姑嫂饼鲜新；
大蹄粽子香头菜，
浔菜珍馐促吃神。

廊檐塘栖古镇

（一）

涟漪碧波山水岸，
花果之地古镇安；
鱼米之乡富庶地，
十里梅花香雪寒。

（二）

洋溢浓郁街满满，
水乡情韵树标杆；
丝绸之府贸易地，
枇杷金黄山满盘。

（三）

廊檐街头人集赶，
美人长椅靠人安；
直曲长廊通路路，
七孔桥长水下寒。

（四）

二十四景秀丽伴，
乾隆御碑立马鞍；
古井郭璞情厚重，
世遗文化运河瀚。

（五）

陈宇青像恩人捍，
削发为僧哭泪干；
四方奔走筹桥款，
流芳百世烙石盘。

（六）

蜜饯茶叶蜡烛满，
复昌糖藕粉石般；
清代杭州老字号，
百年昌盛汇昌盘。

（七）

小桥流水金不换，
亭台楼阁有标杆；
书香传世班班辈，
韵味塘栖无法瞒。

（八）

粥粉面街香两岸，
肉肴粉蒸不一般；
清蒸白水鱼鲜嫩，
送子龙蹄一大盘。

渔家石浦镇

（一）

四大渔业石浦港，
浙洋中路重镇装；
弯月形避风船只，
坚固防御古战场。

（二）

摩崖古炮鸡山上，
扼守三门口大岗；
环岛海岸防御线，
钢铁长城名美扬。

（三）

海鲜王国天然港，
熠熠生辉名远芳；
敬畏龙王释马祖，
渔俗文化远名扬。

（四）

奇特古朴中街上，
海上丝绸石浦装；
木板筑墙特色显，
尘街久远古城墙。

（五）

关帝庙在瓮城上，
老铺林立商贸昌；
如生栩栩中药店，
裁兴烟宅教育场。

（六）

江岩海上长廊逛，
第一崖滩中国窗；
优雅风光时尚韵，
皇城沙滩名远扬。

（七）

檀头山见石东港，
金沙碧海满目装；
潮来雪去留金在，
白浪冲滩悠悠长。

（八）

海鲜四季都时尚，
度糍麦饼筒盘装；
米馒头配萝卜馍，
炒米海鲜面美尝。

旖旎朱家角镇

（一）

威尼斯城这处有，
朱家角上扁方舟；
风光旖旎人杰地，
淀山河畔水长流。

（二）

地沃水秀悠悠久，
民康物阜满春秋；
精华北大街风景，
水陆两运古今留。

（三）

肉铺米行种种有，
百业全俱写春秋；
长街三里繁华景，
店铺千家竞上游。

（四）

粼粼波光处处有，
家家户户可通舟；
屋脊起翘青一色，
古镇灵魂久远流。

（五）

临水傍桥真讲究，
放生桥德善兼修；
凡力想象跨江面，
古代智慧现代留。

（六）

课植园上风光好，
独具匠心望眼收；
私家建筑园林景，
错落精致叹人游。

（七）

泸效好莱坞名有，
文修内蕴处处修；
人间富庶天然地，
鱼米之乡古远流。

（八）

肉粽黄栗馅讲究，
红烧肉绳扎抽抽；
螺蛳盐水虾青豆，
夕阳船上画中游。

瑰宝周庄镇

（一）

泽国周庄绮丽景，
四周环水水碧清；
河埠廊坊骑楼过，
深宅大院无尽情。

（二）

临河水阁河中影，
小桥流水满街经；
明清建筑镇风貌，
水乡风景远扬名。

（三）

沈厅最具代表性，
张厅古朴美妙精；
双桥桥面一横竖，
逸飞油画故乡情。

（四）

讲寺全福光岚影，
栉比鳞次匠工精；
博大精深佛教地，
美奂美轮神韵情。

（五）

淡雅古朴悠悠静，
一稀堂馆问藏经；
怪楼艺术寻幻味，
匪夷所思不了情。

（六）

四季周庄人气盛，
水巷船串路路经；
江南烟雨沧桑史，
宋水依依碧玉情。

（七）

捕鱼白蚬江滩景，
蚬江渔唱满江声；
醉后兴歌枯晒网，
蚬江处处满风情。

（八）

周庄名饼麦芽饼，
童子黄瓜美味清；
三味园三糕豌豆，
万三蹄品蚬江情。

园林嘉定镇

（一）

背客到沪嘉定梦，
水秀淳朴好民风；
人文荟萃灵域地，
镇上园林古韵浓。

（二）

古城墙上留英勇，
抵抗倭寇连火烽；
磨难嘉定历劫难，
护城河畔血情浓。

（三）

名园嘉定之根颂，
宋元明清古塔中；
圣街依旧集旺盛，
热闹非凡好火红。

（四）

科举博物馆厚重，
嘉定孔庙做先锋；
山湖书院蜡像景，
问鼎科举论英雄。

（五）

五条蜿蜒龙头涌，
石亭石塔在其中；
参天古树清明景，
潭水公园有汇龙。

（六）

秋霞圃假山奇洞，
五大园林沪此中；
华池曲径台楼阁，
水揽幽幽天地融。

（七）

嘉定竹刻民间颂，
悠久历史艺精工；
城隍庙奉陆陇其，
尽职居官世代崇。

（八）

小笼包包情意重，
肥羊大面放姜葱；
白切羊肉头草饼，
郁金香酒美情浓。

红色沙家浜镇

（一）

沙家浜有红镇史，
晴有诗来雨有诗；
笑了画来哭亦画，
红绿金色韵长粘。

（二）

鱼米之乡居适宜，
花絮春光处处诗；
悠悠绿青芦苇景，
一望无际绿浪潮。

（三）

迷宫芦苇无不笑，
一群鸥鹭展英姿；
借问方舟前路有，
水声阵阵过蓝桥。

（四）

芦花瑟瑟沙沙语，
随风摇曳弄风姿；
曲径小道幽幽景，
珍稀物种出入时。

（五）

阳澄湖畔标新语，
江石村岸柳风枝；
芦花香谷丰收景，
鱼米之乡古现朝。

（六）

徜徉方舟江上遇，
水街买卖见秩序；
阳澄湖中大闸蟹，
九雄十雌大肥时。

（七）

火种芦荡革命史，
春来茶馆发新枝；
阿庆嫂斗刁德一，
八方游客遂心愉。

（八）

大闸蟹蒸酒焗煮，
鸭血糯名贵米稀；
青子团加酿酒饼，
臭豆腐干栗子慈。

优雅溱潼镇

（一）

碧波万顷东河水，
晶莹剔透映朝辉；
湖光潋滟鹊飞戏，
东观渔归八景遗。

（二）

西湖返照湖光水，
北村莲社载春归；
禅房悠竹藏书意，
石桥明月四景围。

（三）

清流一泓碧波水，
出港渔船载满归；
炊烟袅袅夕阳景，
渔舟唱晚架船桅。

（四）

清皋花影游人醉，
神州茶花不靠吹；
万朵齐艳铺春色，
古树名木幽眼随。

（五）

老井当院户户配，
麻石铺路映春晖；
绿树禅诗韵味厚，
深巷幽居古韵遗。

（六）

溱潼美小桥流水，
草丰佳树鸟迁归；
古圣水车踏踩韵，
淳朴民风世代遗。

（七）

尊教崇文班辈辈，
人文萃荟写春晖；
岳飞旗下溱湖战，
溱潼会船国级遗。

（八）

佳肴八鲜宴菜翠，
八宝刀鱼不是吹；
黄桥烧饼干丝味，
南翔笼包最是雷。

幽静枫泾镇

（一）

三画一棋[1]绮丽景，
三步两桥碧水清；
鳞次庐舍古韵美，
秀美雅清枫泾情。

（二）

枫泾镇上三奇静，
水树桥分三景清；
西南门户中枢纽，
芙蓉镇也是别名。

（三）

枫泾牌坊二界境，
内涵丰富划分清；
独特地理明标志，
情有独钟历史情。

（四）

枫泾长廊清一景，
人情味厚景清清；
两天下雨鞋不湿，
盛夏不撑伞遂情。

（五）

生产长廊特有景，
人民公社址串经；
三百园装三进落，
三百灯蓝行垂名。

（六）

北大街情漫画景，
丁聪漫画馆着经；
蜚声中外农民画，
围棋顾水远扬名。

（七）

稻耘山歌文化景，
故事高跷小调声；
多姿多彩灯谜会，
水乡婚典遂民情。

（八）

金枫黄酒当街敬，
枫泾丁蹄显食经；
状元糕与干豆腐，
日日都品味风情。

① 三画一棋：此处指漫画、国画、农民画和围棋。

百家姓二十八都镇

（一）

千年古道迷蒙雾，
藏在深山曲径幽；
拱立关隘兵家地，
山重水复古远流。

（二）

徽式马头墙悠久，
闽式土墙到处修；
浙江屋脊群围起，
三省[1]民风此地留。

（三）

三省边陲商埠久，
交通枢纽古镇收；
商品聚集中转站，
百年交易往来流。

（四）

恢雅古朴建筑有，
规模宏大眼中收；
精湛刻雕艺术感，
繁荣历史老街留。

（五）

门楼老街福禄寿，
沧海人生喜共忧；
蕴蔽钱财不露白，
商人唯利古今流。

（六）

枫溪河水东流久，
茗竹草秆撑扁舟；
水安桥拱呈单孔，
古镇十景画中留。

（七）

百户人家百姓有，
镇上万人百姓收；
方言王国名实副，
移民文化古今留。

（八）

铜锣糕神最抢手，
豆腐脑装箩竹篓；
排骨干笋炖焖焗，
八大碗名远近留。

① 三省：此处指浙江、福建和江西。

幽深许村镇

（一）

历代四十八进士，
历史古今真罕稀；
王安石为谱作序，
重教崇文今古朝。

（二）

更有一门五博士，
一门同出四院士；
闻名遐迩中华地，
李白赋诗曾赞描。

（三）

民居临水安居住，
风水双龙合戏珠；
倒水葫芦优雅韵，
龙脉宝地许村持。

（四）

布局严谨山边住，
高墙立壁水山居；
马头伏起门窗檐，
古香古色也新潮。

（五）

双寿承恩坊廷皆，
高阳桥墩双孔踞；
菩萨观音佛座稳，
雄伟秀丽见平桥。

（六）

文人墨客斟金句，
大观亭上定神思；
远收眼底田畴水，
五马牌坊升氏持。

（七）

九十九座牌坊志，
墙里门碑记载知；
大邦伯祠耀宗祖，
小学仪耘显洋潮。

（八）

多是红烧好少煮，
特别推介驴烧腰；
笋干肉是其特色，
蛋炒耳石与蒜苗。

罗盘万安镇

（一）

元璋避难仙人洞，
厚深底蕴万安风；
还古书院悠悠史，
木质罗盘天下崇。

（二）

小小宁休城筑梦，
大大万安街借风；
万寿山高峰屹立，
岁月流逝展图宏。

（三）

横江节水东流涌，
皖赣铁路贯镇通；
水陆两栖交集地，
商贾云集大兴隆。

（四）

四合院凝乡情重，
商业街指有西东；
痕迹印留石板路，
翠园育出过江龙。

（五）

历史徽州林种种，
古城岩古韵其中；
寿山早上旭日照，
万贯风情处处浓。

（六）

三塔鼎立情厚重，
气势宏伟顶塔锋；
翘角挑檐各有别，
高低不一也不同。

（七）

高公桥景妙图颂，
古桥古塔古城风；
小桥流水人家景，
松萝茶品厚情浓。

（八）

臭与香味盐油重，
佳肴臭鳜鱼正宗；
笋干焖煮蒸烹饪，
徽州菜味故乡浓。

潋滟三河镇

（一）

三水流交镇境界，
碧波万里贯河溪；
风光潋滟三河水，
河网纵横交圩堤。

（二）

河环水绕原生态，
板路青石五里街；
春秋古镇檐翘角，
稻谷飘香扑面来。

（三）

悠悠三河八古怪，
古街古巷古桥阶；
城墙古炮台民宅，
古茶楼上古情埋。

（四）

清明上河图七彩，
三河镇景比高低；
望月阁上极目望，
秀丽风光入眼来。

（五）

水系着桥桥水系，
桥且高处水且低；
水桥联路通三县，
筑梦桥圆筑梦来。

（六）

水底云头块片彩，
河边垂柳水边递；
晶莹如镜清澈见，
顺水泛舟点点来。

（七）

水风宝地三河界，
人才辈出论高低；
诺贝尔奖杨振宁，
庐剧之乡也品牌。

（八）

酥鸡八宝实名菜，
虾糊酥鸭论高低；
米饺油炸烧卖有，
地方名食客眯迷。

瓷源瑶里镇

（一）

瓷源之地且瑶里，
得雨话茶真有书；
江湖林海遮天雨，
古风古韵好神奇。

（二）

人居南北河边记，
东西河水古镇基；
纵横交错街市景，
青石板路写传奇。

（三）

古窑依稀可辨记，
苍凉厚重记且书；
古街古码头桥有，
山道延绵十里奇。

（四）

高岭土矿陶瓷记，
形如华盖古樟依；
金鸡石显攀登险，
瀑布像龙落水奇。

（五）

游观瑶里汪湖美，
万木逢春片片依；
森林生态原始景，
不见天日路远逶。

（六）

杨氏宗祠三堂美，
砖石木雕栩栩书；
陈毅元帅曾住过，
革命老区扬旌旗。

（七）

原是国宴茶出处，
一枝独秀万情书；
人民大会堂特供，
瑶里茶香传远逶。

（八）

菜肴石鸡炖味美，
神龟菇煮壳照披；
泥鳅汤配腊肉煮，
豆饼南瓜红枣皮。

逸情上清镇

（一）

风景古镇丰韵美，
渔舟片片万情书；
捣衣少女贝头[①]露，
戏水孩童也捉鱼。

（二）

道教原始发祥地，
龙虎山情片片依；
上清街古天师府，
吊脚楼情传远逶。

（三）

天主教堂铭刻记，
上清宫见上清书；
泸溪河畔清秀景，
宰相夏言故里奇。

（四）

古街路面青石记，
太极八卦路相依；
脚下沧桑历史印，
自得怡然真是奇。

（五）

大真人府天师记，
北靠华山带水依；
南国一家道教殿，
规模宏大显雄伟。

（六）

泸滔河水清如许，
龙虎山情满地书；
仙水岩峰峭陡险，
道教名山入画眉。

（七）

象山建筑书院地，
四大书院本本书；
桂洲村证明历史，
红军革命会师旗。

（八）

八卦宴来八卦味，
上清豆腐上清书；
天师栗子甘香粉，
上清米粉味特奇。

---

① 贝头：指肚脐，下同。

秀雅葛源镇

（一）

中国葛根原产地，
漫山遍野葛根依；
溪水源头景一绝，
粉葛悠情传远逶。

（二）

革命老区名印记，
小小横峰面面书；
大大葛源悠悠史，
班班辈辈写不离。

（三）

葛源八景石桥记，
麻石桥架拱桥依；
源头溪水清澈过，
古意盎然入画眉。

（四）

葛做用药食也美，
葛粉葛茶总有书；
葛露葛干葛豆腐，
葛糖葛片出神奇。

（五）

六大游击根据地，
光辉历史记且书；
方志敏粟裕统领，
先烈二万护红旗。

（六）

中共省委旧址地，
苏维埃情本本书；
工农革命军学校，
杨氏宗祠扬旌旗。

（七）

华物天宝人杰地，
青山绿水万情书；
列宁公园河畔建，
红色景区情远逶。

（八）

葛粉蒸肉甘美味，
油子粿情大有书；
葛源豆腐瓜瓜顶，
芋头糖香甜脆皮。

光芒古田镇

（一）

群山环抱白云浪，
溪水潺潺日影光；
充满田园情趣韵，
老区旗帜永飘扬。

（二）

古田会议明方向，
决议阐明党主张；
力挽狂澜于既倒，
古田会议放光芒。

（三）

烽火三月留榜样，
松荫堂刻会目纲；
星星之火燎原远，
明灯指路斗列强。

（四）

革命低潮风摇荡，
重铸信心志气钢；
协成店孕育明火，
指路明灯处处扬。

（五）

文昌阁带来希望，
寥廓江天万里霜；
“闽西一大”圆心力，
星星之火举高扬。

（六）

梅花山把魔疫挡，
艰难困苦勇担当；
古田见证非凡史，
放之四海总光芒。

（七）

峥嵘岁月有理想，
二十年革命真纲；
“主席洞”[①]到新中国，
红旗代代举高扬。

（八）

干蒸猪手很时尚，
炒梨菇配蛋花汤；
木槿花亦南瓜叶，
古田红米饭精粮。

---

① 主席洞：指毛主席住过的山洞。

古朴和平镇

（一）

南武夷乡气息土，
璀璨明珠古朴素；
悠悠历史博物馆，
明清建筑古镇图。

（二）

古巷古街市景古，
青石板地巷街铺；
随形就势高低景，
万千情结在同胡。

（三）

不到一米宽巷路，
最窄半米巷路铺；
互相谦让才通过，
包容和气路同途。

（四）

四个主城门守固，
旧街南北向分铺；
高墙幽静深邃感，
蕴含生机勃勃图。

（五）

民居朝向东西路，
古代遮阳板布铺；
两种遮阳方法显，
卷帘轨道巧匠模。

（六）

用材硕大衙门府，
井字横梁穿斗铺；
明代遗风今显在，
保留完好现今图。

（七）

和平书院步步故，
读书是为做官乎；
出一百三人进士，
儒家文化古蓝图。

（八）

久仰是和平豆腐，
泥鳅煎蛋底干涸；
目鱼明笋汤清味，
山药洋糕盛满壶。

醒狮沙湾镇

（一）

文明古镇独特版，
珠三角上数沙湾；
古建筑群清代建，
一祠五庙古镇坛。

（二）

宝墨园最为耀眼，
清末建筑烙民间；
南国水乡特色景，
岭南园林建筑览。

（三）

鲁班庙前显鲁班，
艺人高手在民间；
栩栩如生壁画术，
美轮美奂影光环。

（四）

留耕堂见人常赞，
山门入出殿祠间；
石木牡蛎构成建，
艺术精华世代坛。

（五）

醒狮龙舞何方产，
故乡出处是沙湾；
盘游翻滚缠穿戏，
形神意韵振狮坛。

（六）

飘色表演何处产，
盛名久负在沙湾；
造型典雅装奇美，
远近名声振宇寰。

（七）

粤剧之乡做样板，
鼎盛之风班辈班；
名伶粤剧人才出，
音乐代代戴光环。

（八）

姜埋奶且此地产，
虾饺云吞棒早餐；
拉肠糯米鸡情盛，
茶点悠悠常伴缠。

骑楼赤坎镇

（一）

潭江百足山相望，
远近闻名华侨乡；
中西合璧骑楼景，
赤坎镇名名远扬。

（二）

欧陆风情街去逛，
三二层楼凝土装；
传统巴克古罗马，
楼顶山花儿女墙。

（三）

文明古迹题金榜，
康乐书院四处芳；
公福纪念亭标志，
爱善基督主教堂。

（四）

代代尊师崇教榜，
投资教育寄流芳；
华侨回乡做善事，
建图书馆万书藏。

（五）

碉楼磅礴入时尚，
加拿大村耀华坊；
风光秀丽田园配，
旅加华侨久名扬。

（六）

抗日勇士英雄榜，
七夜七天挡炮枪；
赤坎南楼守阵地，
七位英烈战阵亡。

（七）

迎龙楼久经风浪，
风韵独特别一装；
赤坎镇人才辈出，
爱国颂司徒美堂。

（八）

煲仔饭情美食榜，
粥食古今都发光；
两味砵仔糕情有，
濑粉豆腐角精良。

绮丽唐家湾镇

（一）

天然奇景游人叹，
名人辈出唐家湾；
面向咱中国大海，
携古纳今美丽环。

（二）

十几千米海岸板，
青幽绿翠凤凰山；
风云史迹名镇刻，
山海园林入美坛。

（三）

民国首任总理版，
唐绍仪出唐家湾；
清华校长首任有，
唐国安名刻榜栏。

（四）

唐绍仪故居耀眼，
望慈山房孝母痕；
共乐园有中西璧，
清雅脱俗清致还。

（五）

金星角举红灯盏，
白石街烙抗英痕；
古炮台前悲壮志，
三千银两迫英还。

（六）

唐家三庙奇特版，
梁木穿斗座三间；
木石砖雕图画配，
挑檐精美匠心缠。

（七）

红树林情着点赞，
全国种植最大滩；
箩核情有独钟味，
海边环境美绿颜。

（八）

海边以海鲜为版，
泥焜鸡味美独单；
石蚝油是其特产，
芋泥茄子柔情缠。

妙趣洪阳镇

（一）

铁岭群峦争耸彩，
呼啸松涛比高低；
素心兰花崖涧出，
四野花香扑面来。

（二）

培风塔起鹏翼态，
中流砥柱逐层递；
塔顶凭栏眺望远，
洪阳镇美景收来。

（三）

方耀故居府第彩，
格局三个贯三寨；
七百多间房屋有，
四万平方米大摆。

（四）

华严寺见蓬岛外，
意境通幽高到低；
古井甘泉山巅处，
令人神往令人迷。

（五）

灵汇甘泉清见底，
不涸久旱水不低；
南下乾隆曾点赞，
临两堂泉普济来。

（六）

林则徐告别阳界，
文昌阁纪念钦差；
忠正无私高品格，
万代千秋都缅怀。

（七）

城隍庙景奇特态，
千手观音罗汉斋；
一百零八尊神像，
求祈年丰岁岁来。

（八）

糯米圆圆好相卖，
蚝烙肠粉粿汁剂；
面线猪肠胀糯米，
干面海台花上埋。

观海碣石镇

（一）

抵御外侵作样板，
粤东便是碣石湾；
重镇门户边防线，
海角天涯防护栏。

（二）

元山佛教心灯盏，
同治皇帝赐书间；
庙宇设计依山筑，
辉煌金碧山上缠。

（三）

内外驰名游览版，
佛道教合玄武山；
信仰中心闽南系，
名胜古今世代览。

（四）

福星垒塔明灯盏，
浩瀚南海在心间；
三层八角形装筑，
秀丽风光入画颜。

（五）

古戏台情悠久版，
戏台始建万历间；
气势雄伟雕刻画，
栩栩如生入古坛。

（六）

古卫城墙古卫版，
固基亭垒见石痕；
浅澳古炮台基筑，
眼底尽收无阻拦。

（七）

纹沟浪蚀奇特版，
海底公园田尾山；
新拓后山园景点，
元山寺庆典非凡。

（八）

菜头丸加八宝饭，
白丸卤水见餐餐；
墨鱼炒饭香包粿，
海鲜粥食也非凡。

滴翠兴坪镇

（一）

依山面水绮丽景，
熙平河流碧水清；
奇峰环绕十六胜，
漓江佳胜在兴坪。

（二）

碧潭绿洲环保境，
幽岩古洞听幽声；
田园农舍炊烟袅，
茂树葱茏大地情。

（三）

迂回江水秀丽景，
团团水草发飘清；
三洲五井幽深韵，
淡水沙滩悠悠情。

（四）

兴坪老街石板景，
古代城墙轮廓清；
陶瓷古瓦残留片，
会馆古街旧县城。

（五）

二十元人民币景，
九马画山景色清；
群峰比比依山立，
古渡口遗六角亭。

（六）

画廊十里如仙境，
鬼斧神工处处精；
兴坪奇石千百怪，
神奇内外总闻名。

（七）

万态千姿兴坪景，
春风漾荡客舟轻；
总统渔村今古史，
山水水山扬美名。

（八）

油茶鸡味宗宗正，
香芋排骨吃有声；
油茶小吃民族菜，
米粉螺蛳酿美情。

宁静黄姚镇

（一）

亭台楼阁游人逻，
岩洞水山奇景多；
三条溪水环绕过，
如梦家园箩到箩。

（二）

古树古祠古庙所，
楹联额扁好奇多；
黄姚两家合一镇，
古今兴旺问三河①。

（三）

盘道石鱼骑右左，
金鸡晒肚见当初；
南蛇出洞头先出，
仙龟爬沙慢慢眠。

（四）

九宫八卦分图逻，
桥亭相望好奇多；
九转连环连百合，
地理独特要琢磨。

（五）

九九青石板证佐，
路石多一块不多；
水满则溢文化路，
精髓请君慢慢眠。

（六）

盘道石鱼胜景逻，
摆尾摇头起浪波；
吴家祠到文昌阁，
天然图画满筐箩。

（七）

仙人古井泉甘沱，
带龙桥上听山歌；
客家情满黄姚镇，
幽情古韵见山河。

（八）

豆豉宴情迎接我，
酿情更是满镇歌；
豆豉排骨焖芋肉，
米粉辣椒面上和。

① 三河：此处指姚江、珠江和兴宁河。

边陲崖城镇

（一）

海岸边陲南国境，
古今耀眼一颗星；
历代名人谪此地，
绚丽多彩在崖城。

（二）

古城墙有防御性，
护城河水久不清；
年岁沧桑历久远，
土墙始后变砖墙。

（三）

南洋骑楼街缩影，
古民居八百年经；
廖林两宅标杆榜，
诗礼千年古韵情。

（四）

崖城孔庙黉门景，
建筑群组学府经；
十字核心中轴线，
保平村古宅闻名。

（五）

大旦港口朦胧影，
古崖州港运曾经；
清道光年荒废了，
现存其貌古时情。

（六）

崖城现代周围景，
大小洞天游必经；
南山旅游区驻足，
碧海蓝天遂怡情。

（七）

崖城文化民族境，
黎苗民歌生态声；
纺织剪纸藤编术，
舞龙赛会做神迎。

（八）

海鲜特色鱼虾饼，
糯米饭煎炒蟹青；
四大海南名菜有，
肠粉芋头芒果情。

诗情中和镇

（一）

古唤老州今中和，
谪居此地有东坡；
大文豪住三年久，
情满儋州诗满河。

（二）

古城垣筑城巍峨，
四面开门接外坡；
城门外有月城筑，
沿城墙拓护城河。

（三）

东坡书院常去逻，
不知诗词也知歌；
载酒堂前香古色，
书香幽静砚墨磨。

（四）

铺路青石痕证佐，
复兴老街悠悠歌；
居民特色沧桑史，
千年古韵影不挪。

（五）

桃榔庵坐落归这，
名棒故居实则窝；
莲花清水池情在，
古人不见后人哦。

（六）

东坡凿井留于此，
栏井造型起浪波；
井水酒情典故事，
传说民间箩到箩。

（七）

纪念冼夫人处所，
丰功伟绩后人歌；
宁济庙记人心迹，
魁星塔有震妖魔。

（八）

东坡风骨真不错，
鸡鸭黄皮也有歌；
特色几行栏炒粉，
老嫂馍[1]香滑软和。

① 馍：指糕，下同。

年画朱仙镇

（一）

正面五奸贼下跪，
精忠报国见岳飞；
明代清初繁盛史，
四大名镇今古遗。

（二）

窃符救赵朱亥[1]配，
他乡异国一心归；
高官厚禄不归顺，
不肯追随累命赔。

（三）

岳飞庙洒英雄泪，
四大金刚分设归；
八锤大闹朱仙镇，
蹈火赴汤也伴陪。

（四）

朱仙版画藏珍贵，
源于乡土满誉归；
美精年画沧桑史，
色彩艳丽内外雷。

（五）

线条粗犷迷人醉，
形象夸张高艺追；
构图饱满强烈感，
忠臣义士紧追随。

（六）

贾鲁河流墨色水，
大石桥二版连归；
居民特色香今古，
玲珑幽雅满镇围。

（七）

清真寺有碑楼配，
《古兰经》情板刻锥；
主殿雄伟高大上，
七十二庙古镇遗。

（八）

五香豆腐游人醉，
灌汤包也受人追；
双麻火烧香喷喷，
炖羊肉吃有羊随[2]。

① 朱亥：战国名士。 ② 随：味。

钧瓷神垕镇

（一）

神垕悠久镇历史，
中原大地摆丰姿；
农耕冶陶传今古，
名扬于世是钧瓷。

（二）

七十二座窑池史，
烟火遮天十里飘；
满街商客谈生意，
足食丰衣更有余。

（三）

七里长街忆往事，
肖河东逝水清渠；
寨墙坚固防御用，
特色胡同民宅粘。

（四）

六院大宅居民住，
千年果树发新枝；
祖师庙建明山顶，
凤翅山下见灵寺。

（五）

禹州四大瓷都史，
神垕是钧瓷故居；
釉土资源丰富地，
一色入窑万彩持。

（六）

钧瓷神垕多遗址，
始于唐代盛宋踞；
古老钧瓷现代造，
博大精深不动移。

（七）

汉光武帝传遗址，
李自成兵顿此居；
清代捻军战两仗，
抗日根据地不移。

（八）

老于豆腐香煎煮，
粉条多食有厨师；
花石羊汤别样味，
炸鸡烙馍卷入时。

萦绕赊店镇

（一）

二河交汇潘赵架，
镇贯三岗交汇叉；
西汉群雄征战过，
赊店帅旗功有挂。

（二）

华中第一镖局码，
十大镖局这一家；
全国通行镖号记，
当时年代好惊讶。

（三）

山峡会馆情无价，
一百多年筑就家；
高会会商凝聚力，
岁月流逝显精华。

（四）

悬鉴楼为三重架，
面南山北戏台砂；
中华古戏楼之最，
美轮美奂彩虹挂。

（五）

瓷器街情南北架，
中原最大保存佳；
石牌木牌楼一起，
古商文化满街挂。

（六）

道坊院小巧幽雅，
多数客人到总夸；
南北匠心筑美景，
官商勾结古今拿。

（七）

第一店名实不假，
水运盛行清代佳；
南船北马聚商地，
主要商品是盐茶。

（八）

香大锅盔摆个架，
卤肉有道味奇佳；
浆面扒猪特色有，
五香别味是油茶。

别样荆紫关镇

（一）

一镇脚踏三省界，
背负群山高又低；
西接秦川风水地，
南通鄂渚贾商来。

（二）

古关门显其风彩，
南北向通名古街；
七百多间清代宅，
昔日辉煌眼收来。

（三）

陕豫鄂三省合界，
中心便是一条街；
珠状三根棱角塔，
一脚共踏三省牌。

（四）

平浪宫情凸内外，
风平浪静至心楷；
砖雕花脊尖三顶，
雨顺风调好运来。

（五）

山西古有名商界，
陕西商界一同赛；
晋秦商人齐给力，
捐钱建会馆落牌。

（六）

法海禅寺明法界，
如来佛大笑传递；
悬崖绝壁千佛洞，
鬼斧神工溶洞崖。

（七）

文化名镇荆紫界，
丹江通道古商街；
古代文明今印烙，
水源南水北调来。

（八）

脚踏肉味香成块，
石子烤糕香满街；
苜蓿蒸肉凉粉伴，
贡米抓周盛满来。

瑰丽芙蓉镇[①]

（一）

王村几久无人问，
项时名改芙蓉镇；
米豆腐香人总知，
土家文化近透闻。

（二）

猛洞河风景载韵，
二千年故土王身；
吊脚楼观瀑布景，
人间不去问红尘。

（三）

五里长街历史印，
悠悠文化问其身；
青石板路行凹脚，
马龙车水度年轮。

（四）

棉花机古千年韵，
清代大床滴水身；
乡土民间古用具，
勤劳巧手土家人。

（五）

麟次栉比成方阵，
两千多载古今身；
言和握手签和约，
溪州铜柱土家神。

（六）

牛角岩林似竹笋，
有的人双像似真；
有似动物牛马像，
有的含情似美人。

（七）

哭嫁三天双喜韵，
感恩父母许终身；
古斯舞上年春晚，
芙蓉情系土家人。

（八）

米豆腐吃多成瘾，
螺蛳肉食慢纹凸；
叶粿柔情爽软口，
辣香菜肴醒提神。

---

① 此处是指湖南永顺县芙蓉镇。

韵味靖港镇

（一）

风景秀丽到靖港，
条条水路接湘江；
主集淮盐和大米，
人文萃荟远名扬。

（二）

古有八街四个巷，
七个码头船满装；
晚清建筑坊宏泰，
有口皆碑宇庙堂。

（三）

两端入口都标榜，
醒目标志是牌坊；
紫云宫又扬泗庙，
寿福堂添音八堂。

（四）

半边街景临江港，
粮行饰店满街装；
昔日辉煌风花事，
宏泰坊名古韵扬。

（五）

文化八音堂去逛，
一曲弹词一鼓当；
当地民间皮影戏，
传情花鼓满园场。

（六）

畅通水路天然港，
沩河流水汇三江；
现可览当年轨迹，
曾经美丽的天堂。

（七）

放风筝眼眺天上，
纸伞木屐入四乡；
划龙船有其日子，
山歌声远近飘扬。

（八）

八大碗装出靖港，
火焙鱼四季常香；
芝麻豆子茶姜配，
靖港干香名美扬。

祥和丰盛镇

（一）

百岁老人不少有，
九十以后去街抽；
若问怎留长寿秘，
三潮水系有缘由。

（二）

宜人气候人长寿，
山水秀丽丰盛收；
山高林茂丰物产，
乐业安居名远流。

（三）

十二古寨遗址有，
冠山寨古韵幽幽；
铁瓦古寨仙境衬，
青山绿水尽收留。

（四）

六寺三庙求天佑，
碉楼建筑眼中收；
欧式碉楼特一色，
巧奇精湛美名留。

（五）

地下暗河丰盛有，
泉群四个满春秋；
高低潮水日日见，
世间少有暗潮流。

（六）

响水湖堤瀑布好，
瀑布雷声水质优；
飞溅水气悬空洒，
美景人间天地留。

（七）

紫云响石它接手，
手摇石响悠扬收；
石是心空液体内，
千金难得一石求。

（八）

浓情丰盛且烤酒，
肥肠特味记心收；
豆花饭有悠然吃，
吃过糍粑丰盛留。

典雅金刀峡镇

（一）

飞檐斗拱民居处，
黛瓦素墙总有书；
青石铺筑街市路，
黑水滩河蜿蜒奇。

（二）

山势雄伟绮丽美，
山峡著险树丰碑；
山水显幽藏古韵，
金刀峡景美传奇。

（三）

傍水依山风景美，
倾斜岩壁塔山披；
临河建筑底高后，
谦让包容古迹媚。

（四）

探险攀登行坐倚[①]，
悬天飞瀑一长书；
二龙洞又犀牛洞，
一帘幽梦水山奇。

（五）

十里悠长栈道记，
飞瀑群情本本书；
百米石壁藏刀洞，
泉瀑崖潭景美奇。

（六）

相思桥有鸳鸯戏，
私语百年相偎依；
清溪作证人不老，
海枯石烂也不离。

（七）

商道九合今古记，
鹤立群鸡古道书；
回廊楼阁三层景，
辉煌昔日传远逶。

（八）

老腊肉显其原味，
酸辣粉吃肚不饥；
香菜肉丸极品肚，
更有农家酸菜鱼。

---

① 倚：站，下同。

纯朴涞滩镇

（一）

渠江渔火燃波影，
悠悠涞滩古韵声；
省级文物保护点，
晚唐石刻古镇情。

（二）

涞滩古老街市景，
老街铺路是石青；
经几百年人踩踏，
坑洼凹凸路不平。

（三）

上下涞滩各一景，
下涞滩景渠江清；
上涞滩在峰山上，
虎踞龙盘巍峨情。

（四）

残垣断壁城墙景，
连绵战火古曾经；
城堡依旧留痕迹，
沧桑佐证是瓮城。

（五）

古镇精华美丽景，
文昌宫定是其精；
四合院建临崖壁，
满山绝壁记真情。

（六）

二佛寺殿临江景，
江面滟波澈水清；
绝壁锈凿巧建筑，
千年古刹禅宗情。

（七）

双龙湖是人工景，
百个半岛碧水清；
水中倒影仿若画，
水上明珠传美名。

（八）

老腊肉味真宗正，
合川肉面味清清；
土鸡土鸭辣焖焗，
糯米粑糕最有情。

清秀安居镇

（一）

自古危城三面水，
绿水轻烟迷逐追；
古镇村屋星罗点，
葱茏浓郁两岸随。

（二）

地理依山又傍水，
清秀明净载春归；
河岸码头水岸港，
繁荣商贾远名雷。

（三）

城门厚厚门登对，
古代刀枪难去摧；
八大门开是旧景，
西门现在主街围。

（四）

汇龙桥景追心遂，
梦想成真放梦飞；
心愿平安百事顺，
幸福生活常伴陪。

（五）

愉悦马头墙叠翠，
苍穹之下万物归；
精妙庭院台布局，
翰林轩昂雅风遗。

（六）

玻仑捧月千古贵，
涧鸟飞鸣觅巢归；
月光水影冰轮涌，
捧出白玉盘满围。

（七）

紫极烟霞游人醉，
翠壁云霄天上飞；
溪烟隐隐钟楼上，
扁舟绕水一游回。

（八）

兰花根做刀头配，
鱼虾酸菜满盘堆；
小虾仔味香辣炒，
小食弄人惬意回。

悠扬双江镇

（一）

国家十大名镇景，
重庆十大景名声；
驳斑悠悠沧桑史，
双溪水暖古镇情。

（二）

四合院内幽幽静，
四季花木茂茂青；
造型精美飞高翘，
九条街道古闻名。

（三）

店铺双间街一景，
青石铺就路弯经；
伟人故里杨家将，
古镇红色旅游情。

（四）

訚公烈士人瞻敬，
杨尚昆故里须经；
一家革命光荣史，
激励后人烙美名。

（五）

星罗棋布庭院景，
满目灰瓦映星星；
深宅大院交错落，
古镇入夜也悦情。

（六）

禹王宫戏台场景，
地域特色古朴清；
高大恢宏檐翘角，
内涵文化渝西情。

（七）

源泰和院别一景，
邮政大院革命声；
长滩四知堂诗意，
惠民民居清代情。

（八）

白酥鱼味催神醒，
双江凉粉有名声；
刀头菜肴特别菜，
板栗风味有其情。

厚重黄龙溪镇

（一）

黄龙溪水黄龙景，
十里锦江碧水清；
堤岸柳枝水面吊，
迎风摇曳两边情。

（二）

街道青石铺就景，
千年古树嫩叶青；
茉莉茶香留客驻，
夜半客船指路程。

（三）

悠悠镇江寺庙境，
锦江滚滚问涛声；
古刹神像龙王爷，
古龙寺庙洞天情。

（四）

三县①衙门辖一景，
万年台有戏演经；
古朴典雅檐翘角，
酬神功自草根情。

（五）

竹林茶馆河堤景，
竹台竹凳品茶经；
吃饭饮茶首等事，
峨眉雪蕊寄川情。

（六）

木柱青瓦民居景，
穿插廊庑雕刻精；
质朴气息优然美，
原汁原味古镇情。

（七）

火龙灯舞正月景，
八百多年俗节经；
十五元宵前半月，
彩龙灯火满风情。

（八）

黄辣鱼吃催人醒，
石磨豆腐匠工精；
焦皮肘子肥不腻，
一根碗面寄柔情。

① 三县：此处指华阳、仁寿、彭山三县。

华丽李庄镇

（一）

万里长江山水浪，
东有周庄西李庄；
周庄春雨桥流水，
李庄文化远名扬。

（二）

悠悠明清街古巷，
九宫十八庙牌坊；
纯朴民风今古韵，
青石铺就路街墙。

（三）

一线天情街景望，
穿斗一楼一底装；
二楼吊脚柱承力，
李庄席子巷深藏。

（四）

五十扇窗门点亮，
栩栩如生四面装；
四合院式陈家祠，
匠心雕刻百鹤藏。

（五）

傲视雄群螺旋上，
精美绝伦八角装；
抗战文物避难史，
战乱故宫珍品藏。

（六）

慧光寺上禹王像，
山门正殿戏台装；
九龙生动石碑刻，
曲引河龙归海洋。

（七）

王佛烙上真金像，
天上宫名改换妆；
草龙舞出新天地，
水镇文化不寻常。

（八）

花生四季都时尚，
黄辣丁味是川装；
咸香味重白肉菜，
黄粑奇老味悠长。

侨乡和顺镇

（一）

大盈江水浇和顺，
神马腾空艺术根；
荧光亮丽青石路，
谦让包容和顺人。

（二）

丝绸古道经和顺，
贸易流通古有根；
依山傍水宗祠庙，
桃源仙境在凡尘。

（三）

风光绮丽且和顺，
飞珠瀑布溅玉身；
薄刀岭下石峰景，
牌坊亭阁烙年轮。

（四）

恬美风光桥水衬，
双虹桥畔柳绿春；
清澈如许高原水，
群鸭戏游浅水鱼。

（五）

侨乡归侨且和顺，
百分九十寻古根；
名闻今古图书馆，
精品捐赠华侨人。

（六）

洗衣亭建且和顺，
妇女洗衣避雨身；
公益独特人性化，
厚道真情和顺人。

（七）

兴文重教且和顺，
文昌宫烙古今身；
张家坡逻田园景，
龙潭南畔景迷人。

（八）

野菜山珍摆食阵，
山葱鸡枞配香椿；
白嫩辛辣稀豆粉，
龙江鱼菜醉游人。

独特惠远镇

（一）

乾隆亲赐其名久，
惠远古城伊犁修；
宏伟高大钟楼景，
九城治理古今留。

（二）

伊犁将军府扼守，
往通中亚重镇修；
著名谪士留居地，
则徐两年居此留。

（三）

中华福寿山藏寿，
生态观光疗养优；
天山松涛奇特景，
多元厚重客回游。

（四）

古城惠远边陲守，
钟古楼风景远收；
登楼远眺城墙外，
古城墩土瓦遗留。

（五）

金涛耀眼沙漠守，
翻腾热浪见沙丘；
神奇浩瀚沙漠景，
伊犁河依淌淌流。

（六）

绿草茵茵惠远有，
草原平坦少山丘；
风吹草动牛羊见，
肥羊草地也肥牛。

（七）

成片薰衣惠远有，
景区生态薰衣收；
浪漫时光花似海，
芳香景色醉人游。

（八）

奶茶肠粉煎包有，
馕与拉面顿餐修；
纳仁血肠辣罐味，
羊肉抓饭总油油。

八卦特克斯镇

（一）

特克斯城八卦记，
迷宫般路满城书；
神秘古老迷宫景，
风光绮丽显神奇。

（二）

天地相交且地理，
上下相交同本书；
二十二个民族住，
六十四个路街眉。

（三）

文化名城标志记，
有形《周易》树丰碑；
交通不设红绿灯，
吉尼斯尊享是它。

（四）

文化名村木屋记，
大草原情本本书；
乌孙山有原岩画，
特克斯河两岸奇。

（五）

四万平方占的地，
八卦广场门面书；
中山上建观光塔，
登高眺远景离奇。

（六）

八卦勘盆特色美，
易经文化满城书；
千年古韵光芒显，
美轮美奂写传奇。

（七）

海阔天空大草地，
喀拉峻草地青披；
三千平方公路宽，
自然遗产大神奇。

（八）

手抓肉有其原味，
椒麻鸡上菜谱书；
特色羊排揪片子，
烤肉皮面馕不离。

雄险古北口镇

（一）

古北口镇宝地境，
两山峰对满山青；
两河流水串镇过，
咽喉雄险下长城。

（二）

蟠龙东指青山境，
卧虎西行险峻经；
蜿蜒曲折长城路，
司马长城惊险情。

（三）

奇特山水秀丽景，
乾隆曾在此阅兵；
康熙避暑曾经过，
山坳天高万里情。

（四）

潮流关外风流景，
北往南来势必经；
百场战事河红血，
万里长城万里情。

（五）

原貌长城精品景，
长城之最险幽清；
世遗文化留金榜，
万里长城城上城。

（六）

杨令公祠独一景，
七郎坟后映山青；
精忠报国山河气，
铁血精神留美名。

（七）

寺庙多经三眼井，
帝王文化满目清；
药王看了财神庙，
福隆老会记皇情。

（八）

二八宴席菜肴景，
八碟八碗一齐拼；
小锅饽饽异奇味，
烤鸭尝着京味情。

世界奇观

绅士英国

（一）

皇家宫殿碧辉煌，
白金汉宫华丽装；
维多利亚光辉史，
静谧神秘游教堂。

（二）

温莎城堡名声旺，
爱情神话遐迩装；
艺术宝库珍品数，
大英博物馆珍藏。

（三）

城堡花岗岩顶上，
皇家英里古朴装；
壮观雄伟爱丁堡，
约克血泪古城墙。

（四）

白海崖多佛尔港，
波涛汹涌海峡装；
英法海峡修隧道，
船车上下总繁忙。

（五）

波光粼粼击帆浪，
芳草萋萋映水光；
盎然绿意山湖美，
湖河山色似花裳。

（六）

涓涓河水石翻浪，
山丘重叠接村庄；
峰压山洞城堡景，
硬饼燕麦本地粮。

（七）

千年底蕴登高尚，
名校牛津内外芳；
暮春剑桥葱茏景，
有志求学的殿堂。

（八）

大英菜肴难时尚，
英国早餐占点光；
面包鱼炸薯条酱，
果汁牛奶咖啡尝。

时尚法国

（一）

巴黎浪漫林种种，
举世瞩目卢浮宫；
千年古韵藏珍品，
金塔玻璃映彩虹。

（二）

凯旋门情深厚重，
铁塔埃菲尔上峰；
杰作浮雕右柱刻，
雄伟标志树市容。

（三）

圣母教堂名出众，
壮丽辉煌巧天工；
舍宫爱丽总统府，
歌剧院风文化熏。

（四）

塞纳河水碧波涌，
市政厅前刻艺翁；
协和广场华丽景，
乐丽花园法味浓。

（五）

凡尔赛宫传世颂，
奢华富丽琢雕工；
内部装潢巴洛克，
匠心别具引人崇。

（六）

景色秀丽马赛觅，
山丘环抱海城中；
爱情传说贸易港，
古港舞姿韵味浓。

（七）

花卉蜚声里昂送，
市政厅前门拱钟；
圣米歇尔山仙景，
潮落潮涨也从容。

（八）

长棍面包奶酪送，
法国大餐爱丽宫；
久负盛名三文治，
蜗牛黑松露同熏。

精美德国

（一）

勃兰登堡门城挡，
风格独特雅典装；
德国首都今柏林，
国家标志展翅膀。

（二）

海德城堡人敬仰，
战争洗礼饱经霜；
曾是欧洲堡最大，
葡萄甘醇酒桶藏。

（三）

菩提树下街宽敞，
林荫大道板石装；
国会大楼穹顶画，
女神铜像举高扬。

（四）

歌德故乡游徜徉，
大文豪世界流芳；
工商会展金融港，
法兰克福名远扬。

（五）

波茨坦有镏金像，
葡萄无忧宫上装；
啤酒芬芳慕尼黑，
玛利亚藏古广场。

（六）

沧桑历史回头望，
老树新姿改换装；
世界闻名啤酒屋，
经济腾飞名美扬。

（七）

国王湖水清碧浪，
科隆古龙香水香；
巧克力史三千载，
贝多芬曲美名扬。

（八）

德国熏肉入口爽，
白啤酸味配糖浆；
土豆面包姜饼品，
闻名于世是香肠。

敬仰意大利

（一）

华丽浮艳美丽景，
罗马世界大蜚声；
万神殿上雄风顶，
文化灿烂名古城。

（二）

罗马帝国历衰盛，
斗兽场厮杀血腥；
城堡圣天使大殿，
世界享誉时尚城。

（三）

梵蒂冈连罗马景，
圣彼得大教堂经[①]；
剔透晶莹威尼斯，
水城写画意诗情。

（四）

钟楼俯瞰市全景，
威尼斯街碧水声；
里亚托桥旺热闹，
公爵宫藏雅致情。

（五）

时尚之都米兰景，
世界时装表雨晴[②]；
米兰教堂大理石，
米兰王宫传美名。

（六）

佛罗伦萨艺术景，
仿佛闻到马蹄声；
比萨斜塔雄风在，
都灵最大汽车城。

（七）

那不勒斯优美景，
民歌悠扬棒歌声；
西西里岛藏珍宝，
粗犷雄辉庞贝城。

（八）

比萨意面咖啡饼，
牡蛎土豆蘑菇经[③]；
橄榄油香米兰饭，
乳酪香肠佳肴情。

① 经：这里指游览必经。 ② 表雨晴：指晴雨表。 ③ 经：这里指这道菜的制作文化。

翡翠爱尔兰

（一）

翡翠之岛爱尔兰，
摄人心魄在人间；
沧桑曲折成历史，
浓郁现代气非凡。

（二）

大西洋上加油站，
绿宝石生柏林湾；
点缀一抹都柏林，
绮丽惊喜任游览。

（三）

都柏林城堡浪漫，
大火一场毁迹痕；
现为国事庄严地，
岁月深邃换新颜。

（四）

三一学院厚重版，
著名学府烙深痕；
世界图书馆顶级，
珍藏丰富眼花栏。

（五）

凤凰胜景公园站，
悬铃木树有直弯；
将军斯利碑标志，
作家博物馆尚坛。

（六）

色彩斑斓花乱眼，
梅瑞恩景旅游餐；
迷人胜景公园有，
城市热闹也休闲。

（七）

吉尼斯情啤酒盏，
黑啤健力士清单；
展览馆里酿啤酒，
圣殿酒吧名曲弹。

（八）

培根黑布丁餐版，
鸡蛋香肠配早餐；
三文鱼配龙虾粉，
土豆牡蛎赞有弹。

怡静荷兰

（一）

阿姆斯特丹胜景，
街道两旁拍水声；
五彩斑斓多彩色，
非凡气度好怡情。

（二）

绮丽王宫写美景，
不朽杰作棒名声；
运河牵系同心带，
安妮之家犹太情。

（三）

玛格尔桥特一景，
木质吊桥叹世惊；
国家海事博物馆，
钻石磨砺匠心情。

（四）

风车村见风车景，
手工艺术匠工精；
奶酪榨油磨染料，
提水锯木不了情。

（五）

鹿特丹览桥梁景，
现代新潮审美经；
天鹅桥叹为观止，
崛起繁荣港口情。

（六）

建筑大师筑美景，
古今世界誉蜚声；
建筑世界博物馆，
音乐多伦寄柔情。

（七）

斑驳雅朴屋倒映，
田园情趣味新清；
羊角村庄荡小艇，
温馨惬意旅游情。

（八）

苹果派肴加煎饼，
豌豆汤冬季食经；
荟萃民族世界菜，
荷兰四宝奶酪情。

奇特比利时

（一）

小童撒尿平常事，
叉腰亮肚摆风姿；
无拘无束真形象，
布鲁塞尔比利时。

（二）

大广场前多艺式，
柳暗花明问路知；
含蓄兼有高调派，
市政厅装古韵持。

（三）

圣于贝尔长廊举，
时装古玩影院居；
皇家美术赏名画，
千年史韵教堂宇。

（四）

欧盟总部彰标志，
玻璃船外印军师；
引领未来美好景，
中心之国比利时。

（五）

华丽皇宫商国事，
凡尔赛宫搬故居；
古朴厚重推高雅，
彰显皇权境上持。

（六）

导师伟大马克思，
一栋五层楼故居；
天鹅翅振欲飞翔，
共产宣言生此宇。

（七）

滑铁卢场古战事，
山丘峡路展雄狮；
熠熠生辉原子塔，
达默小镇缩影池。

（八）

胎贝海鲜白酒煮，
炸虾丸子大街销；
啤酒蛋糕土豆片，
巧克力味每餐粘。

峡湾挪威

（一）

曲折迂回碧海指，
妩媚旖旎海滨居；
巍峨耸立山灌木，
气势雄浑今古时。

（二）

奥斯陆史催心语，
诺贝尔奖人醉痴；
华丽皇宫白色美，
市政厅凹字样粘。

（三）

文化铭留兴国志[1]，
博物馆里记藏知；
奥林匹克海盗记，
伊曼纽尔绘雕池。

（四）

霍尔门科滑雪语，
吕斯郭尔雪台知；
阿克什胡斯城堡，
米约萨湖摇浪潮。

（五）

卑尔根市传友谊，
峡湾海港领风姿；
蜿蜒曲折绕深谷，
明媚绮丽古今持。

（六）

佛洛伊恩山景瑜，
缆车斜度过坡飘；
海产品琳琅满目，
热闹非凡交易潮。

（七）

半岛美丽游心语，
特洛豪根格里居；
木板教堂凡托特，
肯山乌尔瑞情愉。

（八）

碱渍鳕鱼干口紫，
三文鱼片引人痴；
炖羊肉是其时尚，
奶酪香肠也美厨。

① 国志：指国家标志。

冰旅瑞典

（一）

北方威尼斯城印，
水天一色美城身；
斯德哥尔摩风景，
宏伟古老醉游人。

（二）

伏起迂回岛水引，
江花碧树影缤纷；
皇家寓所藏兵器，
浮雕壁画大名闻。

（三）

厚重老城古韵孕，
诺贝尔馆百年身；
清风拂面音乐谱，
市政厅名内外闻。

（四）

皇后岛宫皇宝韵，
马谱萨拉求理真；
著名剑桥瑞典校，
银制圣经惊叹陈[①]。

（五）

西格图纳古典韵，
天光云影露真身；
古朴雅致湖镇景，
林奈花园林奈人。

（六）

锃亮油光古影韵，
彪悍造型人像真；
哥德堡港魅力在，
皇冠城堡瞰红尘。

（七）

阿尔弗斯城堡问，
哥塔广场标志新；
扭腰大厦异奇景，
熠熠生辉入化神。

（八）

油拌鲑鱼芥末引，
奶酪沙拉味道鲜；
大小龙虾海盗菜，
咸水鳕鱼更醒神。

① 陈：指陈述。

桑拿芬兰

（一）

芬兰千岛之国景，
桑拿国粹大名声；
澄澈静谧游人叹，
绵长海岸线闻名。

（二）

波罗海明珠美景，
赫尔辛基碧水清；
现代文明古典美，
浪漫情调韵味城。

（三）

碧水蓝天美海景，
优雅迷游人叹惊；
古老城市古老港，
绮丽风光绕满城。

（四）

议会广场异一景，
国家美术馆蜚声；
钟楼大教堂圆顶，
映衬岩石辉煌城。

（五）

芬兰堡岛连海景，
六岛连接海防经；
海上城门军事地，
军情古迹守江城。

（六）

波尔沃低矮屋影，
曼达雕像匠工精；
伴侣岛生茵草绿，
桑拿浴室满怡情。

（七）

图尔库情写满景，
奥拉河畔古钟声；
弥漫缥缈圣诞树，
罗瓦涅米北极情。

（八）

热熏三文鱼满盛，
浓味焦香食美经；
美味芳香米饭派，
奶油肉桂蘑菇情。

妩媚丹麦

（一）

妩媚内敛丹麦有，
小美人鱼形象收；
童话安徒生故事，
庄园古堡远传流。

（二）

哥本哈根名悠久，
适合居住囊中收；
著名文化名城景，
艺术神奇古韵留。

（三）

海的女儿塑造久，
世界闻名百几秋；
小美人鱼优雅韵，
美感冥思名美留。

（四）

童话之城趣伏有，
花簇图案美中收；
中国长城中国塔，
北欧仙景去中留。

（五）

安徒生大师握手，
大师沾染气灵收；
堡宫克里斯蒂安，
雕像广场市政留。

（六）

八角广场景色好，
皇家卫士步踱遒；
圆塔钟楼相衬托，
奢华宝珍王屋留。

（七）

哥本哈根海港好，
最大城市且北欧；
乡村美景游人叹，
禁忌之乡着记留。

（八）

菜肴海鲜处处有，
水煮鳕鱼品质优；
曲奇丹麦三文治，
嘉士伯碑名远流。

玉洁冰岛

（一）

冰清玉洁柔情厚，
气势宏伟任浪抛；
火山无数温泉眼，
玲珑剔透是冰岛。

（二）

湖泊如画清碧透，
汹涌瀑布水摔跤；
磅礴海岸游人醉，
蔚蓝天空纬度头。

（三）

峡谷断层装水斗，
奔流不息激流沟；
水气雾云遮望眼，
黄金瀑布在冰岛。

（四）

温泉质佳水柔厚，
蓝湖温泉大名噪；
托宁湖边鹅戏水，
珍珠标志上层楼。

（五）

瓦特纳冰原影倒，
万里晴空旭日照；
壮观景色冰川美，
滑雪攀冰拼命跑。

（六）

冰河湖水冰川漏，
佛斯瀑布武岩沟；
米湖热气田温泉，
韦斯特曼纳群岛。

（七）

雷克雅未克环绕，
温泉喷气满城兜；
夕阳西下娇艳美，
有人欢笑有人愁。

（八）

到处快餐推热狗，
三文鱼菜每餐招；
腐败三文鱼恶臭，
美味鱼干美丽岛。

澄澈瑞士

（一）

闻名遐迩苏黎世，
久悠历史霍夫街；
宜居文化名城地，
招引八方客远来。

（二）

教堂双塔多姿彩，
苏黎世湖鹅鸽猜；
国家文化博物馆，
叹为观止莱茵来。

（三）

山峦湖水真风采，
如诗如画景为梯；
卢赛恩城狮子像，
卡贝尔桥顶画摆。

（四）

毕加索画名人解，
阿尔卑斯山画猜；
少女峰寻幽胜迹，
图恩湖美景人迷。

（五）

图恩城堡图恩艺，
爱因斯坦故居挤；
钟楼精湛堪杰作，
人声鼎沸大街牌。

（六）

日内瓦蜚声世界，
国际机构国际街；
彩虹大喷泉标志，
卢梭天才纪念牌。

（七）

国旗万国飘风采，
联合国万国宫寨；
红十字会新月馆，
洛桑与蒙特勒排。

（八）

瑞士火锅奶酪底，
小牛肉片蘑菇批；
巧克力配香肠卷，
黄金土豆饼常来。

浪漫奥地利

（一）

闻名于世音乐地，
艺术之都亮丽书；
久负盛名维也纳，
多瑙河畔解迷离。

（二）

一曲深情幽雅美，
弯弯月亮写欢悲；
圣殿春风拂面过，
音乐浪漫显神奇。

（三）

美泉宫记皇宫地，
四代王朝此地书；
景点地标维也纳，
断头牵手也无离。

（四）

象征斯蒂芬标记，
精美布道坛上披；
倚窗眺望人姿态，
敲响铜钟年份离。

（五）

金色大厅艺术地，
著名乐曲万封书；
艺术殿堂演艺术，
盛会日日飘旌旗。

（六）

衰落兴旺纷争地，
霍夫堡宫记且书；
战乱残垣断壁史，
弘扬艺术史传奇。

（七）

莫扎特大名标记，
萨尔茨堡遗产书；
米粒贝尔宫情悦，
大师挥手出神奇。

（八）

汁白丸子游人喜，
煎牛排四季成市；
皇家蛋饼称佳肴，
苹果葡萄卷薄皮。

幽静捷克

（一）

难忘国度捷克记，
城堡宫殿满城书；
千塔之城布拉格，
建筑塑艺术宏伟。

（二）

天文大钟几世纪，
精确时间准确予；
熙熙攘攘钟楼下，
老城古韵显神奇。

（三）

城堡拉格绚丽美，
世纪春秋尖顶书；
金碧辉煌城标志，
穆哈彩艺术玻璃。

（四）

黄金巷炼金丹处，
查理大桥古迹基；
老城桥塔哥特式，
壮丽宏伟入画眉。

（五）

富丽堂皇古典美，
圣尼古拉久悠书；
演奏风琴莫扎特，
游客慕名有近逶。

（六）

悬崖高堡瓦河美，
罗马圆形建筑书；
米尔温泉柔厚水，
圣彼得堡俄风[①]眉。

（七）

克鲁姆洛夫城记，
石墨矿底趣情书；
奇特傲骨博物馆，
精美雕塑石柱奇。

（八）

美食欧洲集产地，
酱料淋淋面上书；
烤禽河鱼煎炸炒，
面包啤酒也不离。

① 俄风：此处指俄罗斯风格。

神秘匈牙利

（一）

多元色彩匈牙利，
多瑙河情诗史书；
布达佩斯久悠史，
三千年史写传奇。

（二）

西盖蒂音乐胜地，
闻名古典世遗书；
绿意盎然写美景，
文化魅力操旌旗。

（三）

链子桥头狮子倚，
布达佩斯标志书；
情人挽手桥头韵，
一生浪漫永不离。

（四）

布达皇宫历史记，
三遭毁坏记且书；
重建英姿依旧貌，
山丘城上显宏伟。

（五）

杰出建筑群美丽，
尖顶风光特色予[①]；
新哥特式渔人堡，
教堂加什彩玻璃。

（六）

与维也纳齐媲美，
歌剧院装华丽书；
伊斯特凡皇冠顶，
古老王冠传远逶。

（七）

瓦茨大街兜卖的，
浓郁艺术觅商机；
战争浩劫英雄像，
玛格丽特岛解疑。

（八）

土豆牛肉汤味美，
青椒肉酿炸煎予；
回味绵长烤鸭肉，
冰淇淋花束样奇。

① 予：此处指显。

绿色波兰

（一）

绿色海洋波兰境，
成行绿树草坪青；
鳞次栉比楼尖顶，
肖邦居里世闻名。

（二）

广场标志城堡景，
大多游客必须经；
战争毁败重修建，
现代华沙配老城。

（三）

美轮美奂王宫景，
富丽堂皇饰艺精；
玛佐居住公园处，
华沙代代写文明。

（四）

居里夫人名世敬，
发现镭钋世人惊；
成果贡献惠人类，
二次诺贝尔大奖。

（五）

肖邦《夜曲》名传盛，
幽静梦幻滴水声；
五颜六色“前奏曲”，
高雅潮流扬美名。

（六）

美人鱼是独特景，
端庄文静画眉清；
手握宝剑盾牌护，
正气浩然波兰情。

（七）

文化科学宫背影，
地标建筑大名声；
珍宝雕塑油板画，
华沙博物馆扬名。

（八）

混合菜肴潮流盛，
牛排鞑靼咖啡经；
酸菜鲱鱼白奶酪，
华沙饺子也怡情。

炫丽斯洛伐克

（一）

迷人静谧新城景，
老城北部瑙河清；
斯洛伐克特色美，
盐送面包也有情。

（二）

乐观主义新潮盛，
美丽贫穷做弟兄；
罗兰喷泉留驻客，
主教宫厅镜影情。

（三）

布拉迪斯拉发景，
久悠历史雨霜经；
洗尽铅华春笋后，
老城旧貌变新城。

（四）

城堡高高特色景，
丘陵山上驻精兵；
醉酒士兵烧毁尽，
原貌重修烙美名。

（五）

尖顶塔楼绿色景，
历经六百岁蜚声；
防御工事博物馆，
古老建筑扬美名。

（六）

要和守望者合影，
趴地模仿难作声；
姿势难摆留纪念，
雕像真诚人有情。

（七）

焦聚总统府美景，
特色楼梯人叹惊；
法式花园藏后面，
和约普莱斯堡情。

（八）

羊乳酪油酱醇正，
蓬松白菜味清清；
鸭鹅肉炒汤团面，
红酒醇香小有名。

悠久希腊

（一）

文明古国希腊上，
三千年史满城装；
神话城邦爱琴海，
雅典卫城名远扬。

（二）

雅典驰名世界上，
古城古迹古牌坊；
萦绕白墙蓝海梦，
苏格拉底美名扬。

（三）

哲学发源于世上，
奥林匹克世界彰；
经久不衰神话史，
国宝神庙远名扬。

（四）

碑文写在羊皮上，
浓浓历史味芬芳；
民间艺术博物馆，
底蕴情深奥运场。

（五）

米克诺斯岛海浪，
景色秀丽岛屿扛；
万古风情爱琴海，
无限碧波写悠扬。

（六）

风光秀美沙滩上，
林佐斯城古色装；
斑斓五彩蝴蝶谷，
骑士大街名美扬。

（七）

圣托里尼岛景望，
白色门墙蓝彩窗；
观赏日落爱琴海，
克里特岛内外扬。

（八）

开胃沙拉菜肴上，
烤羊肉片味夸张；
穆萨嘎放排排坐，
卷饼夹肉慢慢尝。

斗牛西班牙

（一）

古迹典经马德里，
繁荣奢华大城市；
私人罕见珍藏品，
映衬乡村景美奇。

（二）

多姿多彩传绮丽，
千年文化树丰碑；
斗牛热血惊心事，
国度热情传远逶。

（三）

马法里王宫韵味，
塞万提斯纪念碑；
阿尔卡拉门勇士，
西贝莱斯入画眉。

（四）

塞哥维亚萨堡记，
大渡槽生古迹书；
石桥重献戈萨有，
高耸尖塔教堂旗。

（五）

巴塞罗那风光美，
交相辉映古今书；
文化名城名负盛，
全球享誉写传奇。

（六）

巴特罗之家华丽，
镶嵌色彩万情书；
魔幻喷泉人震撼，
圣女广场西亚奇。

（七）

塞维利亚难忘记，
斗牛场史万封书；
王宫五百年修好，
都市阳伞蘑菇奇。

（八）

烹饪地中海美味，
酸辣牛奶水果予；
浓味马德里烩菜，
牛肚肉汤烤海鱼。

壮观葡萄牙

（一）

里斯本景游人醉，
贝伦塔望扁舟归；
辉煌昔日历史记，
文化名城入世遗。

（二）

特茹河畔抽天水，
高大挺拔航海归；
立矗帆舟击海浪，
历史功臣青史垂。

（三）

“四二五”桥似姊妹，
欧洲未见后来追；
葡萄牙人骄傲史，
上行公路下行轨。

（四）

广场修道院绿翠，
喷泉点缀水花飞；
狭窄老城街道景，
热罗尼莫斯世遗。

（五）

胜利之门雕像粹，
自由大道赚与亏；
耶稣庇护里斯本，
目光深邃定神桅。

（六）

万国公园万国瑰，
圣朱斯塔动力推；
波尔图乘城地铁，
主教座堂古迹遗。

（七）

尖尖牛角王宫瑰，
栩栩如生绘艺慧；
摩尔城遗迹破落，
战斗宫前游客围。

（八）

海鲜佳肴游人醉，
鳕鱼国菜是精髓；
葡式海鲜捞饭韵，
章鱼小吃满街随。

丰饶俄罗斯

（一）

辉煌灿烂历史颂，
堂皇克里姆林宫；
红墙文化誉千古，
丰饶广袤友情浓。

（二）

艺术诗情深厚重，
芭蕾绝伦精彩风；
地域辽阔壮丽美，
宫殿地铁势伟宏。

（三）

八大奇观世界颂，
绮丽独特克林宫①；
国家历史博物馆，
全民教育奉英雄。

（四）

圣彼得堡楼栋栋，
浪漫典雅各别风；
欧洲建筑精华展，
古典城市内外崇。

（五）

涅瓦河情深厚重，
堂皇富丽见冬宫；
夏宫光彩碧辉煌，
海军大厦显伟宏。

（六）

西伯利亚游人觅，
森林盛茂翠郁葱；
迷人艺术博物馆，
悠扬韵味意情浓。

（七）

贝加尔湖天水共，
奥利洪岛湖景中；
旖旎风光莹剔透，
令人陶醉令人崇。

（八）

奶酪面包林种种，
牛肉土豆烤鱼淞；
馅饼海鲜鱼子酱，
伏特加酒味烈浓。

① 克林宫：指克林姆林宫。

韵味乌克兰

（一）

奇特惬意乌克兰，
闻名喀尔巴阡山；
波迪尔街情厚重，
圣安德烈[①]壮丽檀。

（二）

首都基辅游人赞，
聂伯河情两岸滩；
地势高亢西部景，
东部低平宽阔环。

（三）

军工基地乌克兰，
制造坦克和大舰；
飞机发动机精品，
明斯克号振宇寰。

（四）

广场特色耀人眼，
喷泉雕塑大浪漫；
大名鼎鼎三兄妹，
立地顶天平柱坛。

（五）

拉斯特雷够浪漫，
教堂设计陡峭山；
四大地标安德烈，
奇观华丽晒容颜。

（六）

镀金铜箔开金伞；
绮丽雅秀古典痕，
防御金门基辅上，
游人留影慢浏览。

（七）

铺满石头当地板，
登上斜坡不愿返；
映衬蓝绿金景美，
艳丽色彩万千缠。

（八）

冷鳟鱼菜游人赞，
烤煎炸味见餐餐；
萨洛美食称时尚，
红菜汤情今古弹。

---

① 圣安德烈：指基辅圣安德烈教堂，下文“安德烈”同。

富饶美国

（一）

国家标志白宫上，
美利坚国的中央；
总统官邸白油印，
知名圣地显排场。

（二）

尼亚加拉瀑布浪，
跨国景区加美装；
黄石最大公园景，
素有美洲的脊梁。

（三）

自由女神像外望，
纽约法国礼物装；
崇高理想心中梦，
直面浩瀚的海洋。

（四）

日军偷袭珍珠港，
夏威夷上见伤疮；
牛仔丹佛采矿史，
亚特兰大可乐场。

（五）

大峡谷水深千丈，
洪流奔泻汇三江；
美景海滩洛杉矶，
好莱坞名传远扬。

（六）

休斯敦问苍穹上，
摩天楼宇对双双；
玫瑰之城波特兰，
哈佛波士顿里藏。

（七）

旧金山是华人港，
芝加哥夜景灯光；
金融中心华尔街，
时代广场名美扬。

（八）

特大啃餐佳节上，
大龙虾有满盘装；
鳕鱼芝士牛排品，
沙拉三文治香肠。

枫叶加拿大

（一）

伊丽莎白显美景，
冰原大道泊湖经；
极光梦幻横刀镇，
尼亚加拉瀑布情。

（二）

佩托湖深无水影，
陡峭崖壁路不经；
松雪山高林茂密，
百丈深渊见水平。

（三）

班夫镇有独特景，
峻岭高山湖水清；
奇峰秀水耀人眼，
冰川湖上草原情。

（四）

枫叶之国绮丽景，
布查花园岛上经；
电视塔做灯光秀，
多伦多市亮丽城。

（五）

国会山庄绝壁映，
渥太华河碧水清；
多伦多天顶大厦，
最宜居城首一名。

（六）

万花色彩枫叶景，
金色艳红黄有青；
碧海蓝天相映衬，
峡谷圣安妮满情。

（七）

唐人街显中华景，
蒙德利尔古悠经；
芬迪湾情东海岸，
惠斯勒雪地冰情。

（八）

海洋海产很丰盛，
三文鱼熏味不腥；
枫糖酱是其特色，
披萨海狸尾闻名。

足球巴西

（一）

圣保罗州首府上，
国际大都市闪光；
金融文化商业地，
期货市场名远扬。

（二）

美轮美奂风光港，
多姿多彩里约扛；
海滨大道绮丽景，
海滩世界美名扬。

（三）

蔚为北观山景上，
光滑四壁海风光；
尼泰大桥弯半月，
金沙细浪海边藏。

（四）

耶稣科瓦多山像，
亚马逊河蜿蜒装；
千回百转碧波水，
魂牵梦绕写悠扬。

（五）

设计轻盈飘逸上，
构思奇巧主题妆；
高院国会总统府，
风格在三权广场。

（六）

瀑布伊瓜苏境上，
肥水两家总得装；
阿根廷合巴西境，
宏伟气势永飘扬。

（七）

狂欢节遇人疯狂，
几百万人街人狂；
足球场上巴桑舞，
锋魔绿茵名美扬。

（八）

烤肉风味很时尚，
咖啡王国美誉装；
鳕鱼干是超咸味，
水果甜点见平常。

传奇阿根廷

（一）

方尖碑路中央倚，
马丽洛切有其书；
南端世界绝头路，
伊瓜苏瀑布离奇。

（二）

马德罗港首都寄，
布宜诺斯胜地书；
歌剧院情文化颂，
国立美术馆藏奇。

（三）

五月广场标志记，
七九大道划城基；
植物园改市容貌，
古董街问德高奇。

（四）

门多萨是名城记，
河水潺潺背上书；
欧洲风格城市景，
葡萄酒酿传远透。

（五）

七千海拔瓜峰倚，
阿空加瓜峰背书；
世界最长山在此，
南美最高峰是它。

（六）

塔河拉普拉河美，
宽度五十公里书；
世界最宽河水域，
沿河两岸写传奇。

（七）

乌斯怀亚南极记，
依山傍水满城书；
粼粼波光格尔水，
冰川旖旎有传奇。

（八）

烤肉佳肴柔情寄，
大饺子装满满背；
三文治烤肠标配，
浓汤意面烤鱿鱼。

狭长智利

（一）

智利天涯海角境，
美洲南部棍长清；
富裕安定繁荣国，
中等发达的国情。

（二）

世界边缘的国境，
圣地亚哥游必经；
金斯大街宽百米，
林荫遮道满都城。

（三）

武器广场重点景，
大教堂中听念经；
磅礴气势博物馆，
市政中心景大名。

（四）

博物馆亦城市景，
文化淀沉藏品精；
自然历史殖民馆，
四座博物馆有名。

（五）

世界国家铜产盛，
出口铜当牛耳拼；
工业采矿规模大，
八百多年铜矿城。

（六）

复活节岛绮丽景，
烟波浩渺水碧清；
巨石人像神秘感，
美丽水岛悠悠情。

（七）

湿地冰川湖泊景，
美丽泊湖水草青；
牛角花岗岩塔石，
公园举世有闻名。

（八）

莎妮焗蟹肉真正，
羊排熏茄子不腥；
烤虾仁配牛油果，
鸡肉串烤披萨情。

高湖秘鲁

（一）

首都利马城楼上，
古迹独特尖顶装；
壮观华丽总统府，
历史中心历史藏。

（二）

利马教堂游一趟，
三式结合完美装；
国家文化博物馆，
昌昌考古土砖墙。

（三）

卡斯半岛观海浪，
残崖海浪岸边岗；
国家保护区域点，
旖旎风光名美扬。

（四）

古城阿雷基帕上，
瑰丽华美海城装；
安第斯山遗古迹，
多姿别致盛名藏。

（五）

居高临下斯科上，
崇山峻岭比目荒；
灿烂文化摇篮地，
马克遗址美名扬。

（六）

世遗文化入金榜，
马丘比丘此地装；
悬崖峭壁侧峰处，
乌鲁班巴河水凉。

（七）

圣湖的的喀喀望，
南美最高湖水缸；
高原传说明珠水，
神祇星辰湖底藏。

（八）

柠檬汁腌生鱼上，
泥派土豆艺工扛；
炒牛肉有家乡味，
酸酒可乐甜味尝。

钻石乌拉圭

（一）

南美主要深水港，
蒙得维的亚上装；
秀丽气候宜人景，
玫瑰之城名远扬。

（二）

浮雕精致高墙上，
国会中心大厦装；
摆脱殖民统治日，
纪念是独立广场。

（三）

萨拉门多镇境上，
亦庄亦社小镇装；
镇上博物馆七个，
古镇文化满城藏。

（四）

内格罗河边眺望，
水色浓茶河里装；
岛屿罗列林茂密，
水流缓缓慢悠扬。

（五）

七月十八日街上，
景点集中的地方；
富庶国家人会懒，
商铺门关很正常。

（六）

驿车纪念雕塑像，
五马六牛牵引装；
六到十四人可载，
早期开发最凄凉。

（七）

狂暴海滩东面浪，
温顺海滩西面装；
码头游艇观光客，
蓝天碧海大浴场。

（八）

牛羊肉烤很时尚，
热狗番茄浓酱香；
火腿牛排三文治，
比萨咖啡牛奶粮。

斑斓日本

（一）

玉扇倒挂东海浪，
白蓝绿色满山装；
火山富士山休眠，
长年白雪顶山藏。

（二）

东京铁塔高高上，
五色斑斓彩色装；
趣味海洋迪斯尼，
浅草寺前保福墙。

（三）

樱花上野公园赏，
新缩大型商品商；
大江户有温泉语，
海鲜筑地大市场。

（四）

熙攘心斋桥上逛，
百年店铺满街装；
道顿堀后通天阁，
摩天轮顶问斜阳。

（五）

傍晚东京湾眺望，
浪漫繁华种种装；
浅草风情原宿味，
银座购物的殿堂。

（六）

东京涩谷新时尚，
奥多摩湖蓄水缸；
竞马场观赛马景，
深大寺中鬼太郎。

（七）

匠心耕作冰雕上，
泡澡日式大缸装；
现代牧业北海道，
渔农殖养又牧羊。

（八）

天妇罗为名食相，
寿司品种满目装；
日式拉面鳗鱼饭，
火锅茄子也悠扬。

灵秀韩国

（一）

门前多数人头涌，
大韩民国景福宫；
换岗仪式成特色，
王朝宫殿后人崇。

（二）

地标建筑中间重，
首尔塔居山顶峰；
游人如织分批次，
五彩缤纷彩色龙。

（三）

春川南怡岛情颂，
大坝水涨塑其峰；
乐天世界魔幻转，
北村遗屋韩情浓。

（四）

亭台楼阁莲池弄，
游览世遗昌德宫；
古香古色名声旺，
宫郭王居皇气浓。

（五）

晨静树林园种种，
绮丽风景是人工；
绿草花坛弯曲径，
电视情剧韩流浓。

（六）

色彩斑斓海浪涌，
济州赶路急冲冲；
牛岛八景白沙美，
沙海浴场珊瑚笼。

（七）

逛街人吃且明洞，
祈福许愿到龙宫；
两国隔分三八线，
青瓦台留影彩虹。

（八）

烤肉泡菜餐餐送，
拌饭配参汤正宗；
海鲜料理多特色，
年糕冷面古情浓。

庄重朝鲜

（一）

万景台情万景境，
领袖故里定着经；
火炬主题思想塔，
白头山万寿台情。

（二）

大同江水流淌影，
烈士陵园松柏青；
人民志愿军烈士，
长眠桧仓守太平。

（三）

金日成广场场景，
中心铜像塑工精；
后边革命博物馆，
凯旋门过万般情。

（四）

板门店见灰绿景，
界分三八线碑经；
充满传奇分界线，
哀思无限数离情。

（五）

豪华滑雪场特景，
马息岭上半山青；
缆车酒店多滑道，
领袖圈重点工程。

（六）

自古朝鲜游八景，
妙香山去定着经；
锦绣江山名胜迹，
不到香山不作评。

（七）

金刚山上绮丽景，
雄岭奇伟山水清；
连山绵谷生飞瀑，
秀逸奇拔传美名。

（八）

推荐冷面和松饼，
灶台鱼吃火锅经；
灌汤包纸油不腻，
黄白两米打糕情。

豪放蒙古国

（一）

山林景致奇岩景，
碧野茫茫澈水清；
一望无际原草地，
牧歌骏马蒙古情。

（二）

首都乌兰巴托景，
图拉河水底清清；
甘丹寺诵经聆听，
成吉思汗像前迎。

（三）

观了博物馆后醒，
蒙古历史显清清；
本是同根生一族，
结连友谊爱和平。

（四）

戈壁母亲峰也岭，
库斯湖水淡碧清；
五峰博格达山顶，
告山奇洞怪石营。

（五）

音响沙漠绮丽景，
静听沙漠乐曲声；
乌布苏湖特景色，
世遗文化有其名。

（六）

全球稀有平原景，
百公里外草原青；
夏冬不变白河水，
蒙古包味蒙古情。

（七）

何尔赛因瀑布景，
云登如囊怪岩经；
特色游园彰国色，
古都哈尔有其情。

（八）

烤全羊显其丰盛，
手扒肉吃有些腥；
羊肉串有其特色，
肉包饺子总羊情。

悠悠印度

（一）

泰姬陵爱情坚守，
红堡城墙白底修；
双双入世遗文化，
华贵秀丽名远流。

（二）

阿格拉堡罕见有，
宫殿精致美装修；
风之宫殿多窗户，
透过小窗瞰外游。

（三）

顾特卜塔千年久，
红砖砌就美妙修；
世遗达尔瓦扎景，
砂岩墙筑古今留。

（四）

拉霍神庙形装兽，
尖顶精装巧艺修；
同工别曲科纳克，
奇迹生辉古远流。

（五）

印度之门孟买有，
国家标志眼中收；
查尔米纳尔建筑，
黑白猫景问缘由。

（六）

古迹群亨比执手，
著名历史美名收；
王朝神庙卓拉景，
何梅尔堡美名留。

（七）

迈索尔宫收放好，
红球圆顶瘦清幽；
孟买火车终点站，
洗衣场景世双无。

（八）

手抓饭吃日经久，
咖喱山羊锅里抽；
红茶薄饼其特色，
腌渍烤鸡配奶油。

淳厚巴基斯坦

（一）

费萨尔寺做礼拜，
十万人装不见挤；
十八万方占用地，
世界奇观祈祷来。

（二）

国家纪念碑风采，
四大花瓣高又低；
风情古迹尖碑顶，
标志星月旗帜排。

（三）

古城塔克西拉界，
断壁残垣斜曲歪；
二千五百年历史，
气息神秘扑面来。

（四）

海滩克利夫顿界，
度假休闲东又西；
皇家巴德清真寺，
光芒宏壮四周怀。

（五）

拉合尔古堡奇怪，
亭台楼阁任人猜；
王后镜子宫场景，
拱形穹顶宝珠埋。

（六）

印度河主要河系，
三千公里比高低；
罕萨河谷人长寿，
百岁人生不是迷。

（七）

巴基斯坦真兄弟，
患难与共筑心梯；
合作共赢班辈辈，
长存友谊遂心怀。

（八）

扑哩早餐饼好卖，
土豆羊肉番茄埃①；
羊肉串烤其特色，
饺子玲珑小巧来。

① 埃：吃。

奢华阿联酋

（一）

迪拜风帆酒店景，
奢华无比海碧清；
顶层设有停机坪，
七星消费大扬名。

（二）

沙滩海浪迷人景，
棕榈岛风别墅经；
七十足球场面积，
购物中心闻大名。

（三）

木质帐篷沙水影，
五颜六色海滩经；
吊床烧烤休闲逻，
离远都市几遂情。

（四）

沙漠也有绿洲景，
自然遗产世遗拼；
四千年史居民住，
椰棵枣树印其名。

（五）

迪拜湾情写美景，
阳光海浪水碧清；
珊瑚努比岛绿美，
水库湿地润物萌。

（六）

世界最高塔美景，
哈利法塔顶天晴；
八百多米枪级上，
三面鼎立六面型。

（七）

伊德大清真寺景，
宣礼塔加穹顶精；
豪华奢侈碧辉煌，
富丽堂皇扬美名。

（八）

藏红花酱煎鱼饼，
烤肉鱼饭味腥腥；
早上咖啡开胃粥，
沙瓦玛尝别有情。

迷离伊朗

（一）

德黑兰境多传记，
古迹博物馆有书；
纪念塔雄伟气势，
风格新颖标志奇。

（二）

格雷斯坦宫景美，
优雅豪华精致披；
穆塔哈里清真寺，
经本手抄传远逶。

（三）

王宫古列斯坦里，
十一宫殿十一书；
建筑精华明镜殿，
流光溢彩显神奇。

（四）

海峡狭窄天然美，
波斯湾海两依依；
海峡霍尔木兹水，
石油通道记传奇。

（五）

波斯波利斯都记，
断壁残垣石柱披；
古代王朝宫殿立，
现时古迹见稀奇。

（六）

三十三孔桥梁寄，
四百多年历史书；
伊斯法罕街标志，
防洪常见水涸期。

（七）

艺术博物馆馆里，
艺术珍藏满满书；
艺术广场杰出显，
艺术魅力总是奇。

（八）

石榴鸡有其特味，
羊肉泡馍远程书；
烤羊排吃肉滑嫩，
酸奶切糕味美奇。

奥妙以色列

（一）

瞻览圣城美丽景，
神圣神秘见大兵；
海滨中浪沙滩晒，
西墙苦路总不平。

（二）

哭墙便是西墙境，
犹太人信仰真经；
每逢宗教佳节日，
祈祷哭声悲戚情。

（三）

耶稣苦路当年景，
十四站路总着经；
十四路站多传说，
站站不平其苦情。

（四）

雷蒙天坑特一景，
陨石场景世人惊；
四十公里长宽十，
陨石形态是心形。

（五）

世遗巴哈伊梯景，
美丽花园游必经；
埃拉特位于红海，
度假海滨浴海情。

（六）

北部加利利美景，
加利利海水蓝清；
约旦河寄其传说，
克雷西弗德古城。

（七）

雅法古城不夜景，
传统与时尚有拼；
兴亡征战天涯路，
死海湖泊不了情。

（八）

口袋面包披塔饼，
美味烤肉尝有腥；
辫子面包为主食，
胡姆斯滑酸爽情。

亚欧土耳其

（一）

欧亚横跨洲两境，
北南临海水碧清；
欧洲政治与文化，
其他也有亚洲情。

（二）

惬意风光美丽景，
一桥飞架两洲经；
博斯普鲁斯海峡，
一国两洲境地情。

（三）

蓝色清真寺一景，
瓷砖蓝色景清清；
拜台庭式油壁画，
圣索菲亚教堂情。

（四）

地下水宫独一景，
水源黑海引装精；
大巴扎见蹊跷美，
棉花堡印世遗情。

（五）

小镇离远喧嚣境，
希林杰镇美丽星；
洞穴复合雄壮美，
卡帕多西地下城。

（六）

格雷梅公园美景，
石笋断岩奇貌经；
罗马帝国洲首府，
遗迹以弗所古城。

（七）

海滩厄吕尼兹景，
欧式海滩碧水清；
群山环抱平波浪，
色彩迷人浴海情。

（八）

奶酪肉碎香酥饼，
梅泽餐前酸味清；
旋转烤肉香格格，
库内法酪苦豆情。

君主科威特

（一）

波斯湾海西边驻，
绚丽多彩发新枝；
君主国家游胜地，
石油燃气满藏持。

（二）

科威特城殖民史，
半岛拉伯①大明珠；
淡水着靠咸水化，
进口农业长伴持。

（三）

锥形水塔成标志，
国家层面到民居；
水贵过油成共识，
爱水真情不戏儿。

（四）

萨斯饭店木船语，
极度奢华吉尼斯；
古韵悠情艺术品，
船型建筑满帆儿。

（五）

白杨宫景新词语，
豪华璀璨的明珠；
科威特塔照明塔，
游客造访人似潮。

（六）

科普中心科普史，
设施服务显科技；
富庶国家油气路，
石油真可弄潮儿。

（七）

艾哈迈迪原油史，
耕海牧民世上知；
自从发现石油后，
改天换地到今朝。

（八）

烤肉风味经常事，
牛肉干炒有辣椒；
土豆黄瓜蔬菜食，
米饭与蒸饺共沾。

① 拉伯：此处指阿拉伯。

耀眼沙特阿拉伯

（一）

石油王国入金榜，
国家富庶有牌坊；
炎热干燥常气候，
油不如水贵经常。

（二）

世界高楼金榜上，
国王塔是美名装；
电梯十二分钟到，
云端顶上映飘扬。

（三）

鲁卜哈利沙漠上，
流动沙漠最大装；
九亿亩地沙漠宽，
绿洲局部做牧场。

（四）

吉达喷泉建海上，
世间喷水最高章；
圣城去到麦加境，
干燥炎热晒骄阳。

（五）

美丽哈巴拉境上，
其实就是小村庄；
铁绳滑行上下落，
交通不便现遗场。

（六）

沙特王朝首府上，
法拉遗址满目荒；
考古问行石谷史，
沧桑历史现凄凉。

（七）

黄金沙子皇宫上，
国王学校美极装；
高原泰马绿洲景，
吉达交往美名扬。

（八）

卡普萨情国菜上，
穆塔巴卡折叠装；
沙威玛有情独到，
法拉裴尔味酸尝。

朝阳新加坡

（一）

繁华热闹城市景，
潮流时尚大名声；
航运金融服务业，
风情现代到狮城。

（二）

鱼尾狮标志一景，
口中喷出水清清；
独特风格总统府，
市政厅留自治情。

（三）

一号浮尔顿美景，
缤纷璀璨夜明星；
蜿蜒流淌澈河水，
交映相辉不夜城。

（四）

金沙绿意盎然景，
四面空中碧水清；
印度小镇哈芒巷，
吉士商圈悠悠情。

（五）

邵氏大厦繁华景，
义安城里品牌精；
铭刻唐人乌节路，
先得坊装百利情。

（六）

乌节诱人美夜景，
五彩缤纷喧嚣声；
东方气息牛车水，
硕莪街香故里情。

（七）

圣淘沙情别一景，
丹戎海滩听浪声；
海洋馆里斑斓色，
梦幻睹环球影城。

（八）

叻沙菜肴遍全景，
印度煎饼满天星；
咖椰吐司椰酱饭，
肉骨茶香罗惹情。

多姿马来西亚

（一）

迷人美丽沙滩上，
马来西亚好风光；
热带雨林绿油油，
百态千姿洞穴藏。

（二）

吉隆坡灯情点亮，
清真寺美巧妙装；
绝伦精巧印度庙，
大楼双塔远名扬。

（三）

恢宏典雅王宫上，
华美造型塔顶装；
康星瀑布安寺庙，
空旷是独立广场。

（四）

槟城乔治天然港，
丘公祠殿艺精装；
华丽多姿寺庙顶，
槟榔山上旌旗扬。

（五）

邦各岛情埋海浪，
产卵海龟排队坊；
古城悠久马六甲，
磨难亚哥城堡墙。

（六）

中国山立郑和像，
宝山亭上美妙装；
悠久历史总督府，
青云亭面贴红墙。

（七）

塔曼奈加拉景上，
踏青游览好风光；
绿色心脏誉远近，
丹岛西巴潜水忙。

（八）

沙嗲名菜入金榜，
娘惹菜肴隔墙香；
暹罗米粉桑粑饭，
姆尔他葩罗惹尝。

千岛印度尼西亚

（一）

千岛之国沙滩景，
椰城风采大名声；
旧城古典悠悠韵，
潮流现代到新城。

（二）

缩影公园看缩影，
乘坐游船览景精；
独立纪念碑穹顶，
俯瞰雅加达韵情。

（三）

安佐尔公园海景，
博物馆里品藏精；
恢宏气势清真寺，
特色唐人街有名。

（四）

巴厘岛上迷人景，
风光秀丽棒名声；
度假休闲好去处，
秀丽风光印尼情。

（五）

库塔海滩美丽景，
洁白细腻浪沙清；
沙滩平坦游人醉，
爆炸[①]纪念肃穆情。

（六）

库塔广场买卖景，
商品满目小致精；
艺术市场纪念品，
免税商场巴厘情。

（七）

海滩沙努珊瑚景，
乌布王宫金箔精；
丹戎白努亚滩美，
层叠嘉梯露伊情。

（八）

脏鸭饭黄姜满盛，
酒醉海虾味道清；
巴东二栗牛肉烩，
煎煮辛辣香味情。

① 爆炸：此处指巴厘岛爆炸纪念碑。

风云菲律宾

（一）

古时郑和西洋下，
多次造访马尼拉；
七千大小群岛国，
地震台风时有挂。

（二）

圣地亚哥城堡下，
国父黎刹囚室渣；
欧洲风格城中建，
诧异奇丽见惊讶。

（三）

教堂马尼拉神话，
几经波折露风沙；
石质浮雕窗玫瑰，
几度风霜晒晚霞。

（四）

大道罗哈斯似画，
黎刹公园叠翠佳；
椰子宫中椰子宝，
中国城中中国茶。

（五）

雷霆瀑布奔流下，
百米落地水落差；
百胜滩生奇美景，
圣托马斯久悠挂。

（六）

千岛缩影村文化，
长滩岛上玩泥沙；
白沙滩细沙柔滑，
按摩咯吱真是呀。

（七）

夺目绚丽根湖架，
马荣火山头喷沙；
中国道观光宝殿，
迪玛凯岛晒晚霞。

（八）

阿斗菠菜标杆架，
烤乳猪宴请礼巴；
米线拌捞橘子酱，
椰奶海鲜米饭扒。

萦绕越南

（一）

古老皇城古老景，
久悠历史难多经；
河内旧城商品路，
还剑湖清还剑情。

（二）

摩托王国交通景，
大街小巷摩托声；
文庙石碑中举榜，
一柱寺装清秀情。

（三）

越南总督府美景，
金碧辉煌大名声；
奢靡豪华彰国色，
歌剧院仿巴黎情。

（四）

河内西湖秀丽景，
陆龙湾山水澈清；
怪石嶙峋游惊叹，
淳朴乡村葱茏情。

（五）

下龙湾生绚丽景，
三千岛屿画眉经；
摆渡龙湾奇怪石，
鬼斧神工岩洞情。

（六）

胡志明市西贡景，
统一宫标统一经；
七府明乡示会馆，
堤岸唐人华裔情。

（七）

头顿海滩游海景，
美丽海滩碧水清；
耶稣肩上眺碧海，
古芝地道战壕情。

（八）

美食萍饼螃蜞饼，
会安米粉配汤精；
河内番茄蚧檬面，
牛柳海鲜鱼露情。

烟波柬埔寨

（一）

吴哥朝代凸辉煌，
七大哥遗世界扛；
海滩优美风光景，
洞里萨湖高棉藏。

（二）

王宫标志金边上，
纪念碑中古韵装；
气势恢宏群古迹，
丛林密茂远名扬。

（三）

吴哥寺八浮雕上，
华丽雕饰嵌镶装；
艺术巅峰高棉造，
精美造型名美扬。

（四）

通王城景游人仰，
气势恢宏精美装；
魅力奇迹石雕景，
游人赞叹艺精良。

（五）

五大城门驻足望，
护城河设大门岗；
巴戎寺残垣断壁，
高棉塔林微笑藏。

（六）

俯瞰吴哥巴肯上，
大名鼎鼎远流芳；
文化村情高棉礼，
烟波浩渺大湖藏。

（七）

胜利海滩卡索浪，
奥克提尔浴日光；
竹子火车巴农庙，
调情浪漫海边藏。

（八）

阿莫克鱼春卷上，
高棉咖喱米粉汤；
青椒螃蟹猪肉饭，
酸汤鱼也上排场。

多彩泰国

（一）

风光热带多姿彩，
古老寺院处处街；
古今文化东西合，
四面八方游客来。

（二）

大皇宫景中心界，
家田广场前面街；
雄伟气势相辉映，
曼谷都市游客迷。

（三）

郑王庙顶圆尖怪，
湄南河水上市街；
考山路盛繁华景，
帕蓬夜市实朴埋。

（四）

柯叨岛在市郊外，
大城寺庙有高低；
残垣断壁枝藤绕，
悠悠历史厚桑埋。

（五）

四面佛情四种态，
喜怒哀乐慢慢猜；
旺盛香火金身献，
慕名宾客远方来。

（六）

芭堤雅景异风采，
白洁沙滩海浪歪；
雍容华贵佛山造，
苏梅岛上遂心怀。

（七）

普吉岛似临仙界，
各式海滩梯到梯；
攀牙湾见奇石景，
夜幕灯火海滩迷。

（八）

酸辣甜苦泰国菜，
咖喱鱼饭咖喱鸡；
冬阴功配煎鱼饼，
椰汁芒果蔬菜泥。

逸响埃及

（一）

金字塔生特色景，
几千年后景仍清；
世界七大奇观迹，
现存三座最闻名。

（二）

狮身人面奇特景，
四千年史雨风经；
千疮百孔缠身上，
古迹文明不了情。

（三）

尼罗河水非洲境，
六千公里水流经；
千年藏品博物馆，
开罗两岸映风情。

（四）

卡尔纳克神庙景，
大塔庭院廊柱经；
拉美西斯雕刻像，
神庙标杆传美名。

（五）

造型优美城堡景，
巍峨城墙海景清；
金戈铁马红尘去，
唯留咸湿海风情。

（六）

菲莱神殿浮雕静，
菲莱岛映水碧清；
国王宝座明珠颂，
古来神话大闻名。

（七）

清泉双手捧壶景，
弟弟夺权杀了兄；
法老村传王位夺，
原配忠贞不渝情。

（八）

卡巴布菜人神醒，
富尔国菜味腥腥；
莫洛奇亚浓汤配，
面包舍沃玛柔情。

彩虹南非

（一）

开普敦至莎白港，
花园大道闪金光；
五百千米高速路，
旅游风景画长廊。

（二）

好望角滔天巨浪，
开普敦标志上装；
丝绸之路通欧亚，
举世瞩目名美扬。

（三）

约翰内斯堡境上，
目睹黄金熔铸装；
石矿两城历史记，
三千米地下悠扬。

（四）

世遗玛罗彭场上，
三百万年人类秧；
祖先人类曾居过，
方舟山洞化石藏。

（五）

桌山山顶高高尚，
上帝餐桌平坦方；
浴血祖鲁开战地，
铁马干戈到战场。

（六）

企鹅滩前直角望，
非洲企鹅满滩装；
赫曼努斯鲸鱼节，
鲸鱼戏水见平常。

（七）

狮头山日落景象，
开普敦游到酒庄；
六大有名葡萄酒，
买与不买任人尝。

（八）

恰卡拉卡菜肴上，
咖喱肉末碟满装；
豆类南非三文治，
铁锅炖菜配香肠。

耸动尼日利亚

（一）
尼日利亚首都景，
新哥特式满目清；
古拉河畔阿布贾，
祖玛岩景大闻名。

（二）
磅礴恣肆咆哮景，
古拉拉瀑布奇惊；
气势雄绝汹涌水，
耸动非洲扬美名。

（三）
沙漠港口卡诺境，
高原历史古城经；
旧都国境西南角，
拉各斯岛海港城。

（四）
世遗遗产奥孙景，
乔木林树大漠青；
神圣宫殿宿库卢，
梯田文化曲弯平。

（五）
烟草花生市甚盛，
伊巴丹有织纺经；
非洲最著名学府，
贸易工业最有名。

（六）
卡拉巴尔渔业盛，
棕油棕仁大名声；
古代殖民掠奴隶，
奴隶命运惨悲情。

（七）
阿贝奥库塔地境，
非洲文化出名星；
诗人剧作家都有，
多人曾获大名奖。

（八）
五色版情锅满盛，
名菜阿卡拉吃经；
性感烤肉油亮亮，
烩杂菠菜炸糕情。

柔韧摩洛哥

（一）

首都拉巴特境上，
要塞军事古门装；
新城绿树成荫景，
旧城红色印城墙。

（二）

菲斯名都人马旺，
弯曲窄狭街道坊；
交通全靠驴和马，
新城街道大宽长。

（三）

布兰卡市名海港，
大西洋岸举目纲；
海浪滔天沙细白，
绮丽风景美名扬。

（四）

植物园景高高尚，
色彩斑斓园满装；
马拉喀什博物馆，
精品首饰馆里藏。

（五）

络绎不绝人来往，
纵横交错满街装；
市场似是迷宫境，
露天喀什大市场。

（六）

滚石乐队街头唱，
多姿多彩美名装；
北部古城丹吉尔，
色彩传奇名美扬。

（七）

宝礼塔高超九丈，
优雅奇特装拱窗；
库杜比亚清真寺，
余晖红色映夕阳。

（八）

餐前小吃仙人掌，
酷司深口大盘装；
羊牛肉烤肉串卷，
烤热沙拉抓饼扬。

律动阿尔及利亚

（一）

卡斯巴哈城市景，
地中海水水碧清；
穆斯林境清真寺，
海岸景观扬美名。

（二）

非洲圣母院场景，
穆斯林祈祷真经；
海滨大道通天海，
风情街写满风情。

（三）

世遗蒂帕萨收领，
风光优美海蓝清；
屡遭劫难悠悠史，
遗迹斑斑且古城。

（四）

沧桑历史城堡景，
标志大邮局景清；
建筑法式欧风格，
城堡宏伟古韵情。

（五）

峰林罕见沙漠景，
沙漠峰林共弟兄；
峰林花映沙漠上，
美丽峰沙同伴鸣。

（六）

五色斑斓奥兰境，
珊瑚礁上水不清；
谢里夫城居北部，
雄狮提亚雷特情。

（七）

迂回伏起首都景，
明珠闪耀海湾经；
入云高耸清真寺，
薄雾环绕白色城。

（八）

斋月规矩人人醒，
日出日落不吃经；
库斯库斯和面食，
哈利拉汤宋罗情。

绘锦拾萃

祖国万岁

（中华人民共和国成立70周年感怀）

（一）

真是项时棒际遇，
人民得幸福安居；
民生福祉新天地，
江山到处涌春潮。

（二）

道路光明党引指，
奋发图强不认输；
江山打拼日月换，
翻天覆地数今朝。

（三）

七十华诞非常事，
历程风雨发新枝；
国泰民安靠奋斗，
吐气扬眉是项时。

（四）

世界参与权话语，
五常有份顶梁渠；
一票否决握且手，
命运自家手上持。

（五）

后人不可忘历史，
祖国诞生着记知；
先烈鲜血江天洒，
前赴后继得今朝。

（六）

改革春风催壮举，
开放国门引外资；
民营国企齐相竞，
经济腾飞是项时。

（七）

打虎拍蝇强国治，
扫黑除恶稳秩序；
扬清激浊人民赞，
社稷江山不动移。

（八）

圆梦百年酬壮志，
不畏艰险树英姿；
坚定目标彼岸地，
伟大复兴定有时。

七十华诞阅兵颂

（一）

七十华诞迎昌盛，
天安门盛大阅兵；
庄严隆重升旗礼，
号声雷动北京城。

（二）

面向习主席致敬，
为民服务发心声；
威武之师磨砺出，
高光振万众豪情。

（三）

三面旌旗指引领，
列队前头护卫兵；
飞扬神采威风凛，
正步声张威武行。

（四）

中流砥柱阅兵景，
海陆空阵震天惊；
超音巡航导弹有，
核武分弹最远程。

（五）

指挥排阵将军领，
打仗领军苦练兵；
将军示范行军礼，
万马奔腾正步行。

（六）

描绘强中国愿景，
强国必须强国兵；
敌无我有真威慑，
敌有我优最大成。

（七）

飒爽英姿美丽景，
巾帼代表棒女兵；
柔情更有刚阳气，
步伐铿锵热血情。

（八）

硬核军威凸国盛，
世界瞩目子弟兵；
负重前行不竭步，
永保江山得太平。

改革开放四十周年感怀

（一）

四十年似光阴箭，
改革到先好到先；
开放市场引外客，
到户包田好自然。

（二）

市场计划双飞箭，
民营国企勇争先；
合作共赢通四海，
腾飞经济储财钱。

（三）

建设特区山水变，
广东人策马当先；
邓公设计前行路，
先行先试画圈圆。

（四）

处处蓬勃发展显，
九州上下志心坚；
拼命杀开条血路，
巨龙苏醒画天圆。

（五）

来料加工到处见，
架桥修路抢争先；
桥通财路相连接，
筑梦生机处处连。

（六）

国泰民安心致远，
奋发图强闯在先；
飞船航母成功造，
世界瞩目是眼前。

（七）

祖国山河到处变，
高奏凯歌篇到篇；
民生福祉新天地，
亨通国运得长连。

（八）

项时外出真方便，
想去到先去到先；
高铁飞机眨眼到，
滴滴微信用长连。

王者之师

（一）

对台搏杀日经久，
小小乒乓传五洲；
人才代代颖颖出，
长盛不衰数国球。

（二）

小小银球赛事务，
博弈多年是亚欧；
首块金牌容国团，
为国争光真是牛。

（三）

对搏有攻也有守，
攻也有抽守有抽；
远近中台上下旋，
侧旋圆圈魔术球。

（四）

庄则栋是球高手，
三届冠军囊中收；
女子精英邓亚萍，
国良令辉甚是牛。

（五）

近台快速攻球手，
左右开弓飞快抽；
闪电银球花乱眼，
球场内外掌声留。

（六）

后勤辅助齐全有，
科研前瞻做到周；
训练科学抓重点，
为国争光创一流。

（七）

长胜有时也失手，
冠军多数是欧洲；
临危担当蔡振华，
重铸王者我国球。

（八）

不断创新精研究，
管理严律苦练修；
奖罚分明鼎制度，
王者之师我国球。

向海图强

（一）

荣光浴血七十秋，
威武壮观不胜收；
不畏艰难与险阻，
向海图强创一流。

（二）

兵种五个齐全有，
核常兼备得双收；
高瞻远瞩蓝图绘，
世界瞩目真是牛。

（三）

封锁多年真恶[①]受，
人争志气国争优；
冲破围墙拼命干，
铸造军魂且一流。

（四）

砥砺图强造航母，
水下水面顾兼优；
航空陆战全都具，
辅助游医更上游。

（五）

建设从无来到有，
白手起家修大舟；
代代接力代代干，
辈出英雄竞上游。

（六）

逐行远海历经久，
走向深蓝邀五洲；
倡导合作安全维，
五洲四海广交流。

（七）

护航亚丁湾好久，
也门撤侨见方舟；
携手命运共同体，
维护和平日久留。

（八）

七十华诞新成就，
万里长城海上修；
大驱破浪扬霸气，
军威国格溢全球。

① 恶：难。

创　业

（一）

手艺应习着一件，
千期勿瘾酒与烟；
做人应有成功梦，
养家糊口去摞钱[①]。

（二）

人从心里成先件，
十足信心好事添；
信心自有黄金屋，
运情财路总相连。

（三）

选择以爱好先件，
爱好先件慢攻坚；
行业没有成与败，
老板无能才缺钱。

（四）

立志创业不怕远，
万事开头难在先；
路是人行行出路，
人行出路出财钱。

（五）

毛利高低时有见，
好赚日日上万千；
试问行业先个好，
个个行业都赚钱。

（六）

依法依规为底线，
脚踏实地志心坚；
细心驾驶行透路，
步步关心管理链。

（七）

做人做事心着善，
过得哥情嫂意添；
心底善良人总知，
口碑成败后与前。

（八）

与人合伴勿埋怨，
责任担当抢在先；
推动品牌靠股份，
润物无声赚大钱。

① 摞钱：挣钱，下同。

赞赏荷花

（一）

一世出生塘底下，
图强奋发自开花；
红花自配绿叶衬，
早迎日出夜迎霞。

（二）

名利不谋争上下，
不与人结怨冤家；
清浊污染从不怨，
水底无声发藕芽。

（三）

深入池底基层下，
最亲朋友是鱼虾；
洁身自爱溶于水，
不乱别情不乱爬。

（四）

绿翠苗条枝趣雅，
逢人微笑送红花；
雨淋日晒迎晨曦，
沐面春风笑面挂。

（五）

莲花含笑开稚雅，
雄雌花蕊吐春花；
含情不露添华贵，
蜜蜂飞过好惊讶。

（六）

莲子安神血压下，
涩精益肾媲鱼虾；
镇静强心抗肿瘤，
清热解毒莲子茶。

（七）

根植池塘泥一把，
一潭清水养全家；
不会贪污不受贿，
一身洁净好光华。

（八）

莲藕生津散结化，
清香甘爽味甘佳；
莲花莲子与莲藕，
一身富贵又荣华。

智能手机

（一）

项时信息新天地，
第一传播数手机；
天涯海角峻山岭，
沟通不论近与遥。

（二）

储存大量 G 存记，
照相专业胜相机；
小小屏幕看电影，
录音录像出神奇。

（三）

现代生活它打理，
不带其他带手机；
出入方便不着讲，
常快真是项时期。

（四）

闹钟计算它齐备，
手电 Wi-Fi 振动予；
图库克隆云端有，
导航找人米距离。

（五）

购物上网它传记，
多间商店背且书；
货比三家优惠价，
下单收货总如期。

（六）

出门常有查天气，
下雨晴天月半予；
吃饭在家不用煮，
选完蔬菜选肉鱼。

（七）

出外旅游它打理，
车船食住共飞机；
支付买单扫一扫，
云端数字显神奇。

（八）

忘记事情它替记，
收藏信息胜藏书；
真正读懂不易事，
日日搂逻手不离。

火 炬 手

（一）

有幸担当火炬手，
盛会亚洲选广州；
美丽花城添景色，
五羊城誉满全球。

（二）

有幸担当火炬手，
一棒传接一棒收；
火炬传递传友谊，
亚运精神传远流。

（三）

有幸担当火炬手，
三十二号印衫收；
人生一世浮云过，
一生烙印永传留。

（四）

有幸担当火炬手，
着装统一练身修；
单手过头举火炬，
防止人头变火球。

（五）

有幸担当火炬手，
不是人人得想好；
层层推荐关严把，
最后组委会定留。

（六）

有幸担当火炬手，
百米离距起与收；
路途虽短情犹重，
火炬传递情记留。

（七）

有幸担当火炬手，
喜悦情怀心底收；
感恩组织栽培养，
感恩时代大潮流。

（八）

有幸担当火炬手，
传递文化记心收；
棒棒接力力棒棒，
薪火相传情远流。

山中王者

（一）

王者山中是老虎，
虎牙尖利又长粗；
四脚爪爬抓揽搂，
行走飞奔多用途。

（二）

恶狠凶残是老虎，
屁股难摸难咒箍；
霸气霸王讲本事，
天生物种爱猎捕。

（三）

白黄多见它皮肤，
头似大猫声哮唬；
多拣动物幼小吃，
大象马牛也敢捕。

（四）

爱吃新鲜不吃腐，
大吃象牛小鹧鸪；
以肉为食终生美，
多数动物成隶奴。

（五）

一吼能串场百步，
猎物十有九呜乎；
山上动物难匹敌，
见它都走远逶途。

（六）

强强对搏张牙露，
动地惊天吼哮乎；
比武沙场决胜负，
血肉身上定模糊。

（七）

自古一山难二虎，
王者相斗败者枯；
不可商量不可借，
江山寸土不糊涂。

（八）

林海称霸是老虎，
占地为王有妇夫；
女儿大了分开吃，
没有亲家远五湖。

太极情缘

（一）

四十年似随风伞，
岁月弹指一挥间；
情缘依旧牵心底，
不老太极常伴弹。

（二）

以攻退守防纠缠，
化解阴招十八弯；
以柔克刚刚对柔，
柔刚刚柔化危难。

（三）

路行逶远靠中站，
左右开弓十八弯；
运手翻覆风挡切，
四面阴招只当闲。

（四）

马步扎实钉地板，
不论草坪与海滩；
箭步进攻雷闪电，
形影相随马步还。

（五）

不为苦练复仇恨，
健身强体放心间；
修炼修心修意境，
自乐自娱解忧烦。

（六）

套路有繁也有简，
意志坚毅来往返；
日日追梦权中术，
守望坚持收获还。

（七）

太极真似奉油盏，
平衡飞峻岭崇山；
修心运气沉丹田，
顺水顺风无阻拦。

（八）

国粹太极着点赞，
有情缘分在心间；
喜悦愉快自作主，
青春不老守容颜。

坚韧不拔战胜病魔

（点赞叶其馨）

（一）

顽强意志情坚守，
淡定心平志气遒；
不怨客观不怨命，
刚毅真似铁公牛。

（二）

神医精湛施妙手，
感恩不尽记心收；
感谢老天与大地，
感谢亲朋心底留。

（三）

人有悲欢福禄寿，
阴晴圆缺皓月收；
直面人生化祸难，
雨风过后彩虹留。

（四）

感恩老伴心相守，
前行负重苦担忧；
居持周到不辞苦，
护理甚称且一流。

（五）

纽纽复查种种好，
开心项这样无忧；
都说好人得好报，
继续革命竞风流。

（六）

儿女孝心情总有，
照顾居持总到周；
好命着生儿共女，
好字好人好字留。

（七）

从此痊愈身体好，
病魔离远健康优；
日日喜悦开心事，
幸福山长水远流。

（八）

真情厚谊杯中酒，
一杯更尽记心忧；
祝愿人人得幸福，
国泰民安永远留。

沉痛悼念何一骏同志

（一）

如泉泪涌看噩信，
黉门学友何一骏；
云天低垂鸣哀号，
与世长辞一好人。

（二）

沉痛缅怀情谊份，
欢声笑语记犹新；
逆水行舟同问路，
勤恳担当耕海人。

（三）

真情老友心相印，
问候经常情意真；
胸襟坦荡人生路，
问心无愧好心人。

（四）

结义陶苑力倡引，
聚会经常都现身；
真情真义真朋友，
从此精英少一人。

（五）

做事做人求上进，
关心老伴意情真；
培养孩儿博士后，
标杆榜样后人轮[①]。

（六）

近人平易心慈仁，
和蔼可亲知礼宾；
关心兄弟不辞苦，
孝敬父母孝心人。

（七）

往事依稀不敢信，
万语千言难表真；
长歌当哭真情在，
无忧天上献灵神。

（八）

追思无限情难尽，
德泽永存情义真；
驾鹤西去情犹在，
一生铭记坦荡人。

① 轮：传赞。.

跋

（一）

诗词好爱日经久，
学做山歌纽[1]二秋；
二十八字山歌句，
媲美唐诗长远流。

（二）

纽纽学习不几久，
乡音不变话儋州；
千年古韵儋州粹，
厚深底蕴史芳留。

（三）

汉武开疆儋耳久，
两古郡一是儋州；
毓秀钟灵人杰地，
渊源历史远长流。

（四）

祖国山河到处好，
心灯常闪在儋州；
儿时入骨童年梦，
一生烙印永存留。

（五）

富贵荣华福禄寿，
我心归处是儋州；
世间甜是家乡水，
下世天堂也记留。

（六）

乡愁常有心牵手，
几逶都见近儋州；
路有几逶情几远，
乡土情怀心底留。

（七）

千山万水风光好，
走遍四海认儋州；
记住薯粉与米烂，
记住粽香熟米留。

（八）

学作山歌不几久，
章句考虑仍欠周；
冀望良师们指教，
感恩不尽记心留。

2020 年 6 月于广州

① 纽：刚。

参 考 文 献

1. 叶桂刚，王贵元 . 中国古代歌谣精品赏析［M］. 北京：北京广播学院出版社，1993.

2. 林庚，冯沅君 . 中国历史诗歌选［M］. 北京：人民文学出版社，1979.

3. 叶嘉莹 . 沧海波澄［M］. 北京：中华书局，2017.

4. 谢有造 . 南中国歌海［M］. 香港：华晖出版社，2005.

5. 周涛 . 中国旅游导航［M］. 北京：中国地图出版社，2017.

6. 江乐兴 . 欧洲自助游［M］. 北京：中国铁道出版社，2019.

7. 《亲历者》编辑部 . 欧洲最美的 100 个地方［M］. 北京：中国铁道出版社，2016.

8. 王敏华，李兆平 . 80 对话畅游美洲［M］. 北京：科学出版社，2012.

9. 《畅游东南亚》编辑部 . 畅游东南亚［M］. 北京：华夏出版社，2019.

10. 《亲历者》编辑部 . 中国古镇游［M］. 北京：中国铁道出版社，2019.